어린이를 위한

안전 수업

초판 1쇄 발행 | 2023년 2월 25일

글 이정호 | 그림 방인영

펴낸이 윤민정
편집 김영웅 | 디자인 김민정

펴낸곳 도서출판 푸른날개
출판등록 제 611-09-68609
주소 경기도 파주시 검산로 278
전화 031)957-9511
팩스 031)696-5231
E-mail herobook9511@naver.com

글 ⓒ 이정호 2023 | 그림 ⓒ 방인영 2023
이 책의 저작권은 저자와 출판사에 있습니다.
서면에 의한 저자와 출판사의 허락 없이 내용의 일부를 인용하거나 발췌하는 것을 금합니다.

ISBN 979-11-981896-5-3 (73380)
값 13,000원

* 잘못된 책은 구입하신 곳에서 바꿔드립니다.

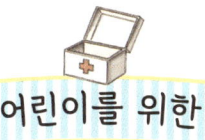

어린이를 위한

안전 수업

이정호 글 | 방인영 그림

안전 수업 참여 방법

　뉴스를 보다 보면 깜짝깜짝 놀랄 때가 많아요. 하루라도 사고와 재난이 없는 날이 없으니까요.

　『어린이를 위한 안전 수업』은 사고와 재난으로부터 나와 가족, 친구들의 생명을 어떻게 지킬지 알려주는 책이에요. 우리의 일상생활에서 일어나는 사고에 어떻게 대처해야 할까요? 갑작스러운 자연재해가 닥쳤을 때 대응할 요령은 무엇일까요? 어린이 유괴 및 납치, 성폭력을 예방할 방법은 무엇일까요? 이런 질문에 대한 답이 이 책에 담겨 있어요.

　무슨 일을 하더라도 어디를 가더라도 '안전'을 잊어서는 안 돼요. 안전이라는 디딤돌이 굳건하게 놓여 있어야 우리의 행복과 꿈도 자랄 수 있으니까요.

이정호 선생님이.

안전 키워드   어린이의 안전을 위협하는 각종 사고와 자연재해와 범죄

이렇게 대처하자   사고와 재난이 일어났을 때 어린이가 해야 할 안전 행동 요령

안전을 생활화하자   어린이가 안전 행동을 생활화할 수 있도록 이끄는 연습

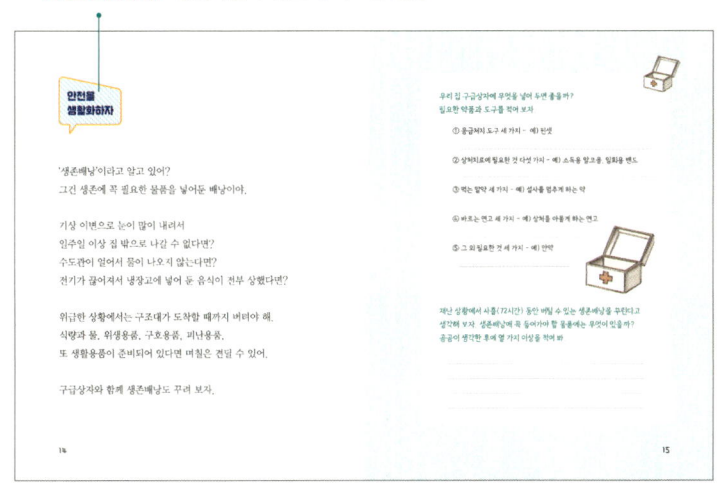

차례

안전 수업 참여 방법 · 8

반창고를 어디에 두었더라 · 12
자꾸 부딪히고 끼이고 넘어져 · 16
갑자기 목이 턱 막혔어 · 20
에스컬레이터에 신발이 끼었어 · 24
화재경보기가 울리는데 어떡해? · 28
라면 끓이기는 식은 죽 먹기 · 32
교실만큼 안전한 곳이 있나? · 36
빈 복도를 보면 달리고 싶어 · 40

정글짐은 꼭대기가 최고지 · 44
안전 가위니까 절대 안 다쳐 · 48
급해 죽겠는데 어쩌라고? · 52
안전 점검을 마친 놀이기구잖아 · 56
푹신한 눈밭이니까 괜찮아 · 60
고작 무릎까지 물이 닿는걸 · 64
뱀은 한 번도 본 적 없어 · 68
차가 없으니 건널 수 있잖아 · 72

자전거가 두 바퀴 차라고? · 76
빙판길에서 노는 건 정말 신나 · 80
개가 짖을 땐 크게 소리치면 돼 · 84
공사장 가림막이 나풀거려 · 88
뒷자리 안전띠는 불편해 · 92
내릴 때 미리 벨을 누르라며? · 96
역 안에 있는 빨간 망치는? · 100
구명조끼는 갑갑할 것 같아 · 104

지진 나면 탁자 밑으로 · 108
태풍 분다고 날아가진 않잖아 · 112
고층 집이라서 비 피해가 없어 · 116
여름엔 덥고 겨울엔 추워야? · 120
산불은 다 어른들 탓? · 124
더 센 바이러스가 생길 거라고? · 128
차에 강아지가 혼자 있다는데 · 132
나쁜 사람으로 보이진 않아 · 136

안전의식 점검 - 나는 얼마나 안전을 생각하고 있을까? · 140

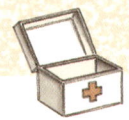

구급상자 꾸리기

상처 딱지를 뜯다가 피가 나고 말았어.
반창고를 붙여야 하는데 아무리 찾아도 안 보여.
그냥 옷으로 닦을까?

반창고를 어디에 두었더라

이렇게 대처하자

상처 났을 땐 세균에 감염되지 않도록 하는 게 중요해.
당장 반창고가 없다면 흐르는 물에 잘 씻어서 소독하자.
그런 뒤 깨끗한 천으로 상처를 잘 감싸면 돼.

반창고, 소독약, 소화제, 진통제 등은
늘 갖춰 두어야 하는 비상약품이야.
언제 어느 때 다치고 아프게 될지 모르니까.

'구급상자'라고 들어 봤지?
구급상자는 가벼운 상처를 치료할 약품과
소화 불량이나 두통 같은 가벼운 증상을 낫게 할 약,
그리고 처치 도구를 담은 상자야.
눈에 잘 띄는 곳, 손이 잘 닿는 곳에 두어야 해.

집에 구급상자가 없다면 부모님에게 말씀드려서 꼭 마련하자.

안전을 생활화하자

'생존배낭'이라고 알고 있어?
그건 생존에 꼭 필요한 물품을 넣어둔 배낭이야.

기상 이변으로 눈이 많이 내려서
일주일 이상 집 밖으로 나갈 수 없다면?
수도관이 얼어서 물이 나오지 않는다면?
전기가 끊어져서 냉장고에 넣어 둔 음식이 전부 상했다면?

위급한 상황에서는 구조대가 도착할 때까지 버텨야 해.
식량과 물, 위생용품, 구호용품, 피난용품,
또 생활용품이 준비되어 있다면 며칠은 견딜 수 있어.

구급상자와 함께 생존배낭도 꾸려 보자.

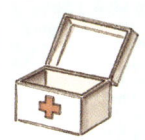

우리 집 구급상자에 무엇을 넣어 두면 좋을까?
필요한 약품과 도구를 적어 보자.

① 응급처치 도구 세 가지 – 예) 핀셋

② 상처치료에 필요한 것 다섯 가지 – 예) 소독용 알코올, 일회용 밴드

③ 먹는 알약 세 가지 – 예) 설사를 멈추게 하는 약

④ 바르는 연고 세 가지 – 예) 상처를 아물게 하는 연고

⑤ 그 외 필요한 것 세 가지 – 예) 안약

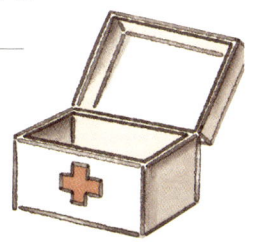

재난 상황에서 사흘(72시간) 동안 버틸 수 있는 생존배낭을 꾸린다고
생각해 보자. 생존배낭에 꼭 들어가야 할 물품에는 무엇이 있을까?
곰곰이 생각한 후에 열 가지 이상을 적어 봐.

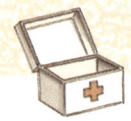

가정 내 여러 가지 부상

태블릿을 들고 영상을 보다가 떨어뜨리고 말았어.
태블릿이 발에 정통으로 떨어져서 눈물이 찔끔 나왔어.
엄지발가락이 빨갛게 부어오르는데 어떡하지?

자꾸 부딪히고 끼이고 넘어져

그러다가 퍼렇게 멍이 들 수도 있어.
우선 냉장고에서 얼음을 꺼내 찜질을 하자.
부기와 통증이 가라앉을 거야.
통증이 계속되면 뼈가 상한 것일 수 있으니까 병원에 가야 해.

집이야말로 가장 안전한 장소라고 생각해.
하지만 뜻밖에도 집에서 사고가 자주 일어나.
문틈에 손이나 발이 끼이고, 가구 모서리에 몸이 부딪혀.
화장실에서 목욕하다가 미끄러져 넘어지거나,
침대에서 자다가 떨어져 타박상을 입기도 하고,
뜨거운 냄비를 만져서 데이기도 하지.

왜 이런 사고가 일어날까?
무턱대고 뭔가를 하려고 하기 때문이야.
집에 위험한 물건이 없는지 항상 살펴보자.

안전을 생활화하자

집에서 술래잡기한다고 식탁 밑에 들어간 적 있지?
식탁 밑인지 까맣게 잊고 있다가
벌떡 일어나면 어떻게 되겠어?
쿵 하고 머리를 부딪히고 말 거야.
그럴 땐 아프면서도 창피할 거야.

집 곳곳에는 가구와 생활용품이 놓여 있어서
생각보다 움직일 수 있는 범위가 좁아.
그러니까 집에서는 급하게 움직이지 않는 게 좋아.

안전하고 편하게 지내야 할 집이
상처와 아픔을 주는 곳이 되어서는 안 되잖아.

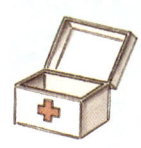

책상, 옷장, 서랍장, 식탁, TV 테이블 같은 가구는 대개 네모난 모양이라서 모서리가 있어. 모서리에 부딪히지 않기 위해서 무엇을 어떻게 하면 좋을까?

_____
_____
_____

아래의 물건이 놓인 장소에서 특별히 조심해야 할 것은 무엇일까?

예) 선풍기 - 철망 사이로 절대 손을 넣어서는 안 된다.
① 화장실의 욕조 -
② 베란다의 난간 -
③ 소파의 등받이 위 -

우리 집에 있는 어떤 물건이 우리 가족의 안전을 위협할 수 있을까?

① 거실 -
② 침실 -
③ 주방 -
④ 화장실 -

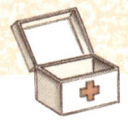

목 막힘 사고와 식품 안전

새하얀 찹쌀떡이 아주 맛있어 보여서
한입에 꿀꺽했는데, 헉! 목구멍에 걸리고 말았어.
침을 삼켜도 안 넘어가. 어떡하면 좋아.

갑자기 목이 턱 막혔어

먼저 주변 사람에게 119에 신고해 달라고 도움을 청하자.
구조자가 휴대전화를 스피커폰으로 해 놓고
구급대원의 지시에 따라 응급처치를 하면 찹쌀떡을 빼낼 수 있어.

목구멍에 이물질이 끼어 숨을 못 쉴 때 하는 응급처치를
'하임리히법'이라고 해.
구조자는 다음 순서로 하임리히법을 하면 돼.

첫째, 질식 환자 뒤에 서서 팔로 배의 위쪽을 감싸고
흉곽(가슴 부분을 감싸고 있는 뼈대) 바로 아래에서 양손을 잡아.
그다음 왼 주먹으로 환자의 배를 세게 눌러.

둘째, 오른손으로 왼 주먹을 감싸서
환자의 배를 네 번 강하게 눌러.

셋째, 이물질이 나올 때까지 이 행동을 되풀이해.

안전을 생활화하자

찹쌀떡을 나누어 먹은 사람들이
갑자기 응급실에 실려 간 적이 있어.
떡 조각이 기도를 막아 일어난 사고야.

이밖에도 음식물 때문에 위급한 상황이 생기는 일은
의외로 많아.

땅콩이나 아몬드 같은 견과류를 먹었는데
호흡이 빨라지고 얼굴이 빨개질 수 있어.
특정 식품에 대한 알레르기 반응이지.
그럴 때는 곧바로 소아청소년과에 가야 해.

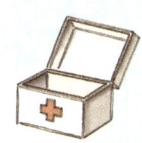

구운 생선은 고소하고 맛있어. 그런데 가시를 발라야 해서 먹기가 쉽지 않아. 가시에 찔리지 않고 구운 생선을 먹는 너만의 방법이 있을까?

　　예) 먹기 전에 미리 뼈와 가시를 발라 놓는다.

'식중독'이란 말 들어봤지? 식중독은 병원균이 든 음식물을 먹었을 때 생기는 증상이야. 어지럽고 머리와 배가 아프고 설사가 나고 열이 나면서 구토까지 일으키는 고약한 병이지. 오염된 채소와 과일, 조개와 같은 어패류 등을 먹을 때 걸리기 쉬워. 식중독을 예방하려면 어떻게 해야 할까?

　　예) 채소와 과일 깨끗이 씻어서 먹기, 냄새 나는 상한 음식 먹지 않기

2011년에 일본에서 대지진이 일어났어. 지진 해일이 몰아쳐서 후쿠시마의 원자력발전소에서 큰 사고가 났고 많은 양의 방사능이 유출되고 말았지. 방사능에 오염된 물이 바다에 버려져서 바다 생물까지 오염되고 말았어. 방사능에 오염된 생선을 먹을 수도 있게 된 거야. 일본은 후쿠시마에서 잡은 생선이 깨끗하다고 주장하는데 믿을 수 있을까?
네 생각을 이야기해 봐.

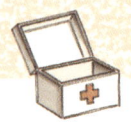

에스컬레이터와 엘리베이터 사고

에스컬레이터를 타면서 휴대전화로 친구와 톡을 했어.
다 올라왔다 싶어 발을 옮기려는데,
신발이 훌렁 벗겨지고 말았어. 어떡하면 좋지?

에스컬레이터에 신발이 끼었어

이렇게 대처하자

일단 끼인 신발을 억지로 빼내려고 하지 마.
그러다가 더 큰 사고가 일어날 수 있으니까.
네가 있는 곳이 지하철역이라면 역무원에게 도와달라고 하자.

바쁜 아침에 사람들은 에스컬레이터를 계단처럼 여겨.
그래서 성큼성큼 안전 손잡이를 잡지 않고 빨리 올라가지.
그러면 넘어지거나 신발이 끼이고 가방이 낄 수 있어.
그래서 지하철의 에스컬레이터는 고장이 자주 나.

에스컬레이터는 계단보다 빨리 이동하기 위해 만들어진 걸까?

아니야.
힘들이지 않고 편하게 이동하기 위해 개발된 거야.
주의사항만 잘 지키면 사고 없이 편리하게 이용할 수 있어.

안전을 생활화하자

에스컬레이터를 탈 때는 안전 손잡이를 꼭 잡아야 해.
수많은 사람이 잡으니까 더럽다고 생각할 수 있지만,
더러운 것보다 안전한 것이 더 중요해.

또 휴대전화를 하는 등 한눈을 팔아서는 안 돼.
에스컬레이터에서 넘어지는 사고는
에스컬레이터의 끝 지점을 살피지 않아서 일어나거든.

대형마트에는 계단 없는 에스컬레이터인 무빙워크가 있어.
짐이 잔뜩 든 카트를 쉽게 이동시키는 장치야.
무빙워크에 매달리거나 안전 손잡이를 넘어가는 행동은
절대 해서는 안 돼.

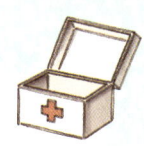

날마다 이용하는 엘리베이터에서도 사고가 자주 일어나. 엘리베이터에 타면 "문에 기대지 마시오."라고 쓰여 있어. 왜 이런 주의사항을 써놓은 걸까?

_____
_____

엘리베이터에는 만약을 대비해서 비상용 인터폰이 설치되어 있어. 갑자기 엘리베이터가 멈추면 관리실과 연결된 인터폰으로 긴급한 상황을 알려야 해. 물론 119에도 신고해야 하고. 만약 구급대원이 늦게 온다면 어떡해야 할까?

_____
_____

엘리베이터를 타기 위해 후다닥 뛰어간 적이 있을 거야. 운이 좋으면 탈 수 있지만, 그렇지 않으면 팔이나 다리, 옷이 끼어 큰 사고가 날 수 있어. 엘리베이터로 뛰어 들어오는 사람의 안전을 위해 이미 타고 있는 사람은 무엇을 해야 할까?

_____
_____

2층이나 3층에 올라갈 때도 엘리베이터를 이용하곤 해. 한두 층 정도는 계단으로 걸어 올라가는 게 좋지 않을까? 네 생각은 어때?

_____

화재에서 살아남기

쿨쿨 자다가 시끄러운 소리에 깨고 말았어.
아빠는 화재경보기가 울리는 것 같다면서 집 밖으로 나가셨어.
진짜 불이 난 걸까?

화재경보기가 울리는데 어쩌지?

> 이렇게
> 대처하자

불이 나지 않았는데도 화재경보기가 울릴 수 있어.
잘못 작동하는 경우가 많거든. 그렇다고 무시해서는 안 돼.
자는 사람을 모두 깨우고 불이 났는지 확인해야 해.

만약 진짜로 불이 났다면 먼저 생각해야 할 것은
'어떻게 대피해야 할까'야.
현관문을 통해 밖으로 나갈지,
창문으로 구조 요청을 할지 정하는 거야.

일단 손등을 현관문 손잡이에 대 보자.
손잡이가 뜨거우면 문 바깥에서 불이 난 거라 할 수 있어.
이때는 문을 열면 안 돼.
열기뿐 아니라 연기까지 들어와 위험해질 수 있거든.
손잡이가 뜨겁지 않다면
연기가 들어오는 반대쪽 비상계단을 이용해 밖으로 나가자.

> **안전을 생활화하자**

아파트나 빌딩 등 고층 건물에서 불이 났을 때
대피하지 못해 목숨을 잃는 경우가 많아.
건물 안에 사람이 많이 모인 상태에서
불은 순식간에 위로 번지고,
유독 가스는 밖으로 빠져나가기 어렵기 때문이야.

그래서 불이 나면
소화기나 물로 불을 끄려 하지 말고 대피해야 해.
"불이야!" 하고 소리친 뒤 젖은 수건이나 이불을 두른 채
계단을 이용해 빠르게 나가자.

엘리베이터는 절대 타면 안 돼.
불이 났을 때는 첫째도 대피, 둘째도 대피야.

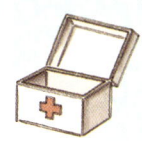

소화기는 집집마다 꼭 갖춰 놓아야 할 중요한 물건이야. 소화기 사용법을 잘 알고 있어? 다음 보기에서 빈칸에 들어갈 알맞은 말을 골라 보자.

[보기] 노즐, 손잡이, 안전핀, 분말

〈소화기 사용법〉

① 소화기를 가져와서 몸통을 단단히 잡고 (　　　)을 뽑는다.
② (　　　)를 잡고 불이 있는 곳을 향해 가까이 다가간다.
③ (　　　)을 꽉 움켜쥔다.
④ 소화기의 (　　　)이 불에 골고루 덮이도록 쏜다.

불났을 때 피할 수 있는 공간(대피 공간)을 둔 아파트가 있어. 대개 발코니에 있어서 불꽃과 연기의 위협에서 한 시간 정도 보호받을 수 있지. 이 대피 공간 안에 물건을 두어도 될까? 화재를 대비해서 무엇을 가져다 놓으면 좋을까?

_____
_____

'완강기'라고 들어본 적 있어? 완강기는 창문을 통해 밖으로 탈출할 수 있게 해 주는 도구야. 완강기 사용법을 인터넷에서 검색해 봐. 그런 다음 아래에 써 보자.

_____
_____

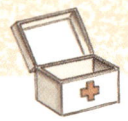

가스와 전기 사용

열두 살이니까 라면 끓이기야 식은 죽 먹기지. 내가 라면을 다 끓이면 엄마는 항상 "가스 밸브 잘 잠갔니?"하고 물어보셔. 밸브는 꼭 잠가야 하는 거야? 조금 뒤에 또 쓸 텐데 말이야.

라면 끓이기는 식은 죽 먹기

이렇게 대처하자

사고 없이 안전하게 생활하려면 안전 행동을 습관화해야 해.
가스를 다 쓰고 난 뒤 밸브를 잠그는 것,
그게 바로 안전 행동 습관이지.
작은 습관 하나가 큰 사고를 막을 수 있어.

가스레인지에도 안전장치가 있어.
불꽃이 꺼지고 가스만 새어 나오면 삐삐 경고음이 울려.
또 불이 너무 세지면 저절로 불이 꺼져.
그렇다면 가스레인지는 완벽하게 안전할까?
그렇지 않아.
라면을 끓인 뒤 불을 끄지 않은 채 냄비를 옮길 수도 있고,
불을 켜 놓고 다른 일을 하다 냄비를 홀랑 태울 수도 있어.

이런 사고가 안 나게 할 방법은 간단해.
어느 때든 안전을 위한 행동을 저절로 하는 것,
곧 안전 행동 습관이야.

안전을 생활화하자

음식을 조리할 때는 전기레인지도 많이 써.
불꽃이 없어 안전하고, 유해 가스가 누출될 위험이 없고,
과열로 인한 사고를 방지할 수 있는 장점 때문이지.
하지만 전기레인지도 완벽하게 안전하지는 않아.
전기를 사용해서 생기는 문제가 여전히 있어서지.
전기레인지를 쓸 때도 전기가 새는 누전,
먼지나 가루로 인한 전기 스파크,
한 콘센트에 플러그 여러 개를 꽂아 생기는
과부하가 일어날 수 있어.

가스와 전기로 조리할 땐 딴짓해서는 안 돼.
꼭 명심해!

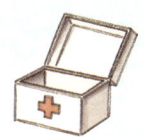

가스레인지 주위에 가까이 두어서는 안 되는 것에는 뭐가 있을까?
생각나는 대로 써 봐.

예) 스프레이 통, 종이

야영장에서는 휴대용 가스레인지를 써. 이 가스레인지의 연료는
부탄가스인데, 폭발 사고가 간혹 일어나. 부탄가스를 안전하게 사용하는
방법으로 맞는 것을 모두 골라 보자.

① 삼발이보다 큰 프라이팬이나 불판, 냄비를 올리지 않는다.
② 텐트 안에서 부탄가스를 이용한 난방기구를 사용해도 괜찮다.
③ 휴대용 가스레인지로 알루미늄 포일을 직접 가열하지 않는다.
④ 사용 기한이 지난 부탄가스는 사용해도 큰 문제가 없다.
⑤ 다 쓴 부탄가스는 구멍을 낸 뒤 캔류로 분리하여 버린다.

아래의 설명 가운데 맞지 않는 것을 골라 보자.

① 전기코드는 반드시 플러그를 잡고 뽑아야 한다.
② 땅에 떨어진 전선 가까이에 가지 않는다.
③ 젖은 손으로 스위치를 눌러도 괜찮다.
④ '위험', '고압'이라고 쓰인 곳에는 가지 않는다.

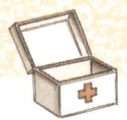

교실 안전

교실에 있는 물건? 책상과 의자, 사물함이 전부잖아.
그런 것들 때문에 다치기야 하겠어?
교실은 진짜 안전한 곳 같은데….

교실만큼 안전한 곳이 있나?

이렇게 대처하자

모두 얌전하게 행동하면 다치는 일은 일어나지 않을 거야.
그런데 그렇지 않잖아. 장난치고 까불고 때로는
책상과 의자 위에 올라가잖아. 사고가 일어날 수밖에.

학교에서 사고가 가장 자주 일어나는 곳은 계단이야.
그다음이 교실이지.
교실에서는 물체와 부딪혀서 사고가 나.
책상과 의자, 사물함에 몸이 부딪히는 거야.
발목, 손가락, 발, 무릎 등에 상처가 생기지.

솔직히 말해 보자.
교실에서 장난치다가 다쳐서 보건실에 다녀온 적 있지 않아?

책상과 의자 모서리가 아무리 둥글다고 해도 안전한 건 아냐.
사고의 원인은 조심하지 않는 태도에 있어.

> **안전을 생활화하자**

교실에서 뛰지 않아야 한다는 선생님 말씀을
수없이 들었을 거야.
책상과 의자 위에 올라가면 안 된다,
교실 문을 세게 여닫으면 안 된다,
사물함 문을 잘 닫아야 한다는 말도 듣곤 하지.
그런 주의사항을 잔소리로 여기면
다칠 가능성은 점점 커져.
귀담아듣고 매사에 조심하면 특별히 다칠 일은 없을 거야.

가끔 빗자루를 들고 장난치는 친구도 있잖아.
그럴 땐 단호하게 말하는 게 좋아.

"빗자루는 장난감이 아냐. 당장 내려놔!"

모둠끼리 활동하기 위해 책상과 의자를 옮길 때가 있을 거야.
어떻게 하면 안전하게 옮길 수 있을까?

예) 친구와 함께 힘을 합쳐서 안전하게 옮긴다.
_____
_____
_____

수업 시간에 선생님이 칠판에 수업 내용을 적고 있었어. 그때 한 친구가 울음소리를 냈어. 선생님이 다가가 보니 우는 친구의 앞니가 부러져 있었어. 평소에 장난을 심하게 치는 아이가 그 친구 앞에서 자동 우산을 펴서 그런 일이 벌어진 거야. 네가 선생님이라면 그런 사고가 일어나지 않도록 어떤 대비를 하는 것이 좋을까?

_____
_____
_____

5월 15일 스승의 날을 맞이하여 반 친구들이 선생님을 위해 작은 폭죽과 눈 스프레이를 준비했다고 하자. 선생님이 교실에 들어오자 아이들은 폭죽을 터뜨리고 눈 스프레이를 뿌렸어. 그 뒤 아무 일 없이 끝나나 싶더니 사고가 벌어졌어. 이럴 땐 어떤 사고가 일어날 수 있을까?

_____
_____

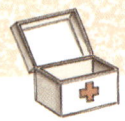

복도 안전

수업 중에 화장실에 가려고 교실 밖으로 나갔어.
복도에 아무도 없길래 화장실까지 신나게 달렸어.
화장실이 급하기도 했으니까.

빈 복도를 보면 달리고 싶어

이렇게 대처하자

평소 쉬는 시간에도 그렇게 뛰는 건 아니겠지?
선생님들이 항상 말씀하시잖아. 복도에서 뛰지 말라고 말이야.
왜 그러실까? 복도는 너 혼자 다니는 길이 아니기 때문이지.

복도는 머무르는 곳이 아니라 지나다니는 곳이야.
교실을 떠나 화장실, 급식실, 과학실, 음악실, 체육관 등
다른 곳으로 가려면 반드시 복도를 지나야 하잖아.

쉬는 시간이 되면 아이들이 한꺼번에 복도로 나와.
정말 급하면 뛸 수 있겠지만, 뛸 만큼 급한 일이 있을까?
복도에서 뛰면 미끄러져서 다칠 수 있어.
특히 복도 끝, 계단과 이어지는 곳에서 뛰면
큰 사고가 일어날 수 있어.

막 달리고 싶으면 운동장으로 나가자.

> **안전을 생활화하자**

학교 복도는 학교 밖의 도로와 같아.
학교 앞에서 자동차는 시속 30km 미만으로 달려야 해.
어린이가 갑자기 튀어나왔을 때
급히 브레이크를 밟을 수 있는 속도야.

학교 복도도 마찬가지야.
교실에서 누군가 갑자기 튀어나올 때,
물건을 든 사람이 있을 때 달리면 어떡하겠어?
달리는 사람도 걷는 사람도 당황하게 돼.

또 하나 중요한 건
네가 달리면 다른 친구들도 덩달아 달린다는 거야.
달리는 것도 전염이 되거든.

복도에서 뛰다가 부딪힐 만한 물건으로 무엇이 있을까? 네가 다니는 학교 복도를 떠올리면서 세 가지를 써 보자.

예) 신발장

복도 끝, 계단과 연결된 모퉁이를 안전하게 통행하려면 무엇을 세워두면 좋을까? 앞에서 사람이 온다는 것을 알려줄 수 있는 물건을 생각해 봐. 자동차가 다니는 도로의 모퉁이에도 이것이 있어. 그림으로 그려 보자.

'복도에서 사뿐히 걸어요'라는 글귀로 포스터를 만든다면 어떤 그림을 그릴 수 있을까? 너만의 기발한 생각으로 포스터를 만들어 보자.

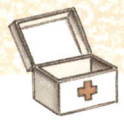

운동장 안전

친구들끼리 정글짐에서 놀다가 꼭대기에 먼저 올라가는 경쟁을 했어. 당연히 내가 먼저 올랐지. 그런데 한두 번 떨어질 뻔했어.

정글짐은 꼭대기가 최고지

이렇게 대처하자

늘 놀던 정글짐이라고 해서 안전을 생각하지 않은 건 아니지?
원숭이도 나무에서 떨어지는 법이잖아.
방심하면 안 된다는 교훈을 기억하자.

정글짐 같은 놀이기구에서는
꼭대기에 서 있거나 눕지 않는 게 안전해.
친구들과 함께 정글짐 꼭대기에 오르는 경쟁은 안 했으면 좋겠어.
경쟁심이 들면 너도 모르게 친구를 잡거나 밀칠 수도 있어서
매우 위험하거든.

내려올 때는 더 조심해야 해.
뛰어내리지 않고 아래를 살피면서 한 발씩 천천히 내려오자.
네 위에 누가 있을 때는 그 밑으로 지나가지 않아야 해.
위에 있는 아이가 널 보지 못하고 밑으로 내려올 수도 있으니까.

안전을 생활화하자

운동장에 있는 놀이기구 중
사고가 가장 자주 나는 기구는 무엇일까?
바로 미끄럼틀이야.
미끄럼틀을 거꾸로 올라간 적 없어?
미끄럼틀 위에서 친구를 민 적은?
혹시 엎드려서 타지는 않았어?
다 내려온 다음 뒤따라 내려온 친구와 부딪친 적은?

그네도 마찬가지야.
그네의 줄을 꼬아서 타거나 서서 탄 적 없어?
친구와 함께 둘이 탄 적은?

색다르게 놀고 싶은 마음이야 이해하지만,
안전 수칙을 어겨서는 안 되지.

빙빙 도는 놀이기구를 탄 적이 있을 거야. 더 신나게 타려고 회전대를 빨리 밀잖아. 또 갑자기 멈추려고 억지로 힘을 주기도 해. 회전하는 놀이기구를 탈 때 하지 않아야 할 행동은 무엇일까?

　　예) 놀이기구가 회전하는 중에는 뛰어내리거나 타지 않는다.
　　_____
　　_____

무지개다리, 구름다리, 평균대같이 건너는 놀이기구가 있어. 이쪽에서 저쪽으로 봉을 잡고 이동하는 놀이기구 말이야. 그런데 그 위로 올라가서 건너는 아이가 있어. 굉장히 위험한 짓이야. 건너는 놀이기구를 이용할 때 지켜야 할 안전 수칙을 몇 가지 써 보자.

　　예) 무지개다리에 매달려 있는 사람을 잡아당기지 않는다.
　　_____
　　_____

슬리퍼를 신고 놀이기구에 오르면 위험할까, 위험하지 않을까? 가방을 멘 채 놀이기구를 타면 괜찮을까? 또 끈이 달린 옷을 입고 정글짐에 오르면 안전할까? 네 생각을 이야기해 봐.

　　_____
　　_____

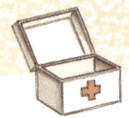

문구용품의 안전한 사용

가위를 사용하는 미술 시간이었어.
선생님이 조심하라고 여러 번 말씀하시더라고.
조금 짜증이 났어. 내 가위는 안전 가위인데 말이야.

안전 가위니까 절대 안 다쳐

이렇게 대처하자

문구용품이 점점 안전해지는 건 참 다행이야.
안전 가위 덕분에 손 베이는 일이 줄어들었잖아.
그렇다고 다치지 않는 건 아니야. 한눈팔면 사고가 일어나니까.

사고를 자주 일으키는 문구용품은 문구용 칼이야.
두 번째는 자석류이고, 세 번째는 문구용 가위이지.
일곱 살 미만의 어린이는 고무 자석, 막대자석 등
자석 때문에 많이 다쳐.
초등학생은 문구용 칼에 베이는 사고를 많이 당하고.

그런데 학교보다 집에서 더 많이 다친다고 해.
옆에서 안전을 말해 줄 어른 없이 혼자 사용해서 그런 거야.

날카로운 물건을 아무 데나 놓아두었을 때도 다쳐.
칼과 가위를 쓴 다음에는 꼭 안전한 곳에 두도록 하자.

망가진 문구용 칼과 가위는 어떻게 해야 할까?
사용하다가 다칠 수 있으니까 아까워하지 말고 버려야 해.

문구용 칼에 들어가는 칼날은 똑 부러뜨려서 쓰잖아.
이때 조각난 칼날을 어떻게 버려야 할까?
날카로운 칼날을 쓰레기통에 그냥 넣으면 다칠 수 있어.
버린 사람뿐 아니라
쓰레기를 수거하는 환경미화원도 다칠 수 있으니
두꺼운 종이에 싸서 버리는 게 좋아.

샤프같이 끝이 뾰족한 필기구는 연필꽂이에,
압정과 핀은 플라스틱 용기에 담아 놓자.

친구가 문구용 칼이나 가위를 빌려 달라고 해. 어떻게 줘야 좋을까? 물건을 안전하게 건네주기 위해 주의할 점을 써 보자.

　　예) 문구용 칼을 줄 때 칼날이 빠져나오지 않았는지 확인한다.

종이 여러 장을 하나로 고정할 때 '스테이플러'란 찍개를 사용해. 스테이플러는 철심을 쓰기 때문에 다칠 위험이 있어. 스테이플러를 쓸 때 무엇을 주의해야 할까?

　　예) 스테이플러 안으로 절대 손가락을 넣지 않는다.

어린이가 쓰는 물품에는 'KC 인증마크'가 표시되어 있어. 책, 학용품, 장난감 등에 KC 마크가 있지. 그건 해가 될 물질로 만들지 않았다, 곧 안전하게 쓸 수 있는 물건이라는 거지. 네가 가진 물건을 하나하나 살펴봐. 어떤 물건에 KC 마크가 표시되어 있을까?

　　예) 지우개

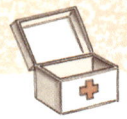

화장실과 급식실 안전

정말 급했지만, 교실에서 화장실까지 갈 때는 뛰지 않았어.
그런데 화장실 문을 열려는 순간 쿵 하고 머리를 부딪혔어.
힝, 급하기도 하고 아프기도 하고···.

급해 죽겠는데 어쩌라고?

급하더라도 복도에서 뛰지 않은 건 다행이야.
그런데 화장실 문에 부딪혔으니 억울하기도 했겠다.
좀 더 조심하면 좋았을 텐데 아쉬워.

생리현상을 참는 것만큼 힘든 일은 없을 거야.
내 의지대로 할 수 없는 거니까.
급박한 상황에서는 당황하게 돼.
혹여나 실수하게 될까 봐 마음 졸이게 되지.

화장실은 모두 함께 사용하는 곳이니까 배려가 필요해.
갑자기 화장실 문 열지 않기, 특히 발로 차서 열지 않기,
세면대에서 물 튀기며 장난치지 않기 등
지켜야 할 것을 꼭 지켜야 해.

화장실 바닥은 미끄러우니까 넘어지면 큰 상처가 날 수 있어.
그러니까 꼭 천천히 움직이자.

화장실에서는 차례를 지키는 것도 중요해.
정말 급하다면 줄 서 있는 친구들에게 양해를 구해 보자.
다들 양보해 줄 거야.

또 보행하는 방향을 생각해 봐야 해.
오른쪽으로 움직여야 다른 친구들과 부딪히지 않을 거야.
화장실에서 술래잡기를 하거나
화장실 문에 매달리는 장난을 칠 생각은 하지 않겠지?

친구들끼리 누가 먼저 화장실 안으로 들어가나
내기하다가는 문에 손이 끼일 수도 있어.

화장실은 장난치는 곳이 아니야.
조용히 볼일을 보는 곳이지.

손과 얼굴을 씻는 세면대에서도 사고가 자주 일어나. 세면대에 올라서거나 기대면 세면대가 무게를 못 이기고 부서져서 다칠 수 있거든. 세면대에서 해서는 안 되는 행동으로는 또 뭐가 있을까?

　　　예) 세면대 위에 발 올려놓고 씻기
　　　_____
　　　_____
　　　_____

점심을 먹는 급식실에서도 안전을 생각해야 해. 음식이 담긴 식기를 들고 이동하기 때문이야. 국이나 찌개 같은 음식물이 쏟아져서 미끄러질 수 있잖아. 급식실에서 지켜야 할 안전 수칙을 몇 가지 적어 보자.

　　　예) 내 차례가 될 때까지 천천히 움직인다.
　　　_____
　　　_____
　　　_____

급식을 먹으면서 젓가락으로 장난치는 모습을 볼 수 있어. 젓가락에 눈이 찔리면 진짜 큰일이잖아. 급식 먹을 때 갖춰야 할 식사 예절을 아는 대로 써 보자.

　　　예) 음식을 입 안에 가득 넣은 채 친구와 이야기하지 않는다.
　　　　　숟가락과 젓가락은 쓰고 나서 항상 내려놓는다.
　　　_____
　　　_____

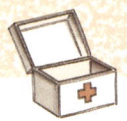

놀이공원의 놀이기구

롤러코스터가 뭐가 무섭다는 거야?
나처럼 만세도 해 봐. 진짜 재미있어!
걱정 마, 안전하다니까? 위험하면 아무도 안 타겠지.

안전 점검을 마친 놀이기구잖아

놀이기구는 전기를 이용해서 움직여.
갑자기 전기가 끊긴다면 놀이기구가 멈출 거야.
그럴 때는 안전요원의 지시를 따라 침착하게 행동하자.

놀이공원의 놀이기구에는 여러 가지 안전장치가 달려 있어.
그것들을 무시할 때 문제가 생겨.

롤러코스터를 탈 때 안전 바를 내리지 않으면 어떻게 될까?
일어서서 회전목마를 타면 어떻게 되겠어?
많이 타봤다면서 안전띠를 느슨하게 매면?
음식이나 음료수를 손에 든 채 놀이기구를 타면?

다른 놀이기구를 타러 가기 위해 서두르다가
계단에서 넘어질 수 있어.

타기 전, 타는 도중, 타고 나서까지 모두 안전해야 해.

57

안전을 생활화하자

놀이기구 탑승에는 나이와 키 제한이 있어.
유아들만 타는 놀이기구가 있고,
키가 몇 센티미터 이상이 되어야 탈 수 있는 놀이기구가 있어.
무리하게 타려고 하면 안전요원이 막아서지.
안전요원을 속이거나 장난칠 생각은 접는 게 좋아.

어린이날처럼 많은 사람이 몰리는 날이면,
사고의 위험성이 훨씬 커져.
먼저 타려고 하고, 더 많이 타려고 하니까 그래.

놀이공원에 갔을 때는 안전요원의 안내를 잘 따라야 해.
그러면 즐거움이 두 배가 될 거야.

놀이기구를 타다 보면 주머니에 있던 소지품이 떨어지기도 해. 소중한 물건이 망가져서 울상을 짓곤 하지. 놀이기구를 탈 때 날아갈 위험이 있는 소지품은 어떻게 해야 할까?

놀이기구를 타서 신이 나면 자기도 모르게 안전 바 밖으로 팔을 뻗어 소리를 질러. 어른들도 그런 행동을 자주 보여. 위험하지 않을까? 네 생각을 이야기해 봐.

놀이공원으로 소풍 가는 날, 예쁘고 멋진 옷으로 뽐내고 싶어 해. 끈이 달린 옷을 입고 목걸이나 귀걸이 같은 장신구를 하기도 해. 그런 옷과 장신구가 놀이기구를 탈 때 걸릴 수 있지 않을까? 놀이공원에 놀러 갈 때 어떤 옷차림을 하면 다치지 않고 재미있게 놀 수 있을까?

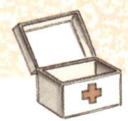

눈썰매장과 스키장

눈썰매는 진짜 안전하지 않아?
가만히 앉아서 타는 거고, 만약 썰매 밖으로
구른다고 해도 맨땅이 아니라 눈밭이잖아.

푹신한 눈밭이니까 괜찮아

이렇게 대처하자

혼자 눈썰매를 탄다면 그렇게 위험하지는 않을 거야.
하지만 사람이 많이 모이는 눈썰매장이니까 사고가 날 수밖에 없어.
눈썰매끼리 충돌해서 많은 어린이가 다치고 있어.

겨울방학이 시작되면
눈썰매장이나 스키장에 갈 생각에 마음이 들뜰 거야.
해마다 1월에 눈썰매 사고가 잦은데,
미끄러지거나 넘어지는 일이 가장 많다고 해.
머리와 얼굴을 다치는 경우가 제일 많다고 하니까
쉽게 넘길 일이 아니야.
게다가 추위로 몸을 움츠리는 탓에 큰 사고가 나기도 해.

통증이 심하지 않다고 해서 병원 가는 걸 미루지 말자.
상처가 어떤지 꼭 확인하고 적절한 치료를 해야 하니까.

> **안전을
> 생활화하자**

눈썰매를 타다 보면 자연스럽게 눈을 맞게 돼.
방수되지 않는 옷을 입고 타면 옷이 금방 젖겠지.
그러면 저체온증에 걸릴 수 있으니
눈썰매장에 갈 때는 꼭 방수되는 겉옷을 입자.
또 안전모와 무릎 보호대, 장갑 같은
보호 장비를 반드시 착용하자.
그리고 잘 미끄러지지 않는 신발을 신는 게 좋아.

안전요원의 신호에 따라 출발하고
눈썰매가 완전히 멈췄을 때 일어나자.

친구들과 무리하게 경쟁을 벌이는 건 삼가야겠지.

눈썰매장과 더불어 겨울에 많이 찾는 곳이 스키장이야. 스키장에서 일어나는 사고 중에 가장 많은 건 골절(뼈에 금이 가거나 부러지거나 조각남)이야. 처음 스키나 스노보드를 탈 때 전문 강사에게 넘어지는 법을 배우잖아. 그 방법대로 하지 않으면 다치게 돼. 스키나 스노보드를 탈 때 다치지 않고 넘어지는 법을 인터넷에서 찾아보자.

스키장에는 리프트가 있어. 리프트는 높은 곳까지 데려다 주는 이동 수단이지. 안전 손잡이가 리프트의 안전을 지켜주는데, 처음 타는 사람은 앞에 가리는 게 없어서 무서움을 느껴. 리프트를 탈 때와 타고 있을 때, 그리고 내릴 때 주의해야 할 점은 무엇일까?

　　예) 리프트를 탈 때는 안전요원의 지시에 잘 따른다.

스키장에서 넘어지거나 다른 사람과 충돌했을 때는 안전요원을 향해 소리를 질러야 해. 손을 흔들어서 자신의 위치를 알리면 더 좋아. 그런데 살짝 삐끗했을 때는 어떻게 해야 할까?

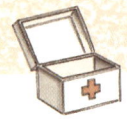

강과 바다

엄마가 얕은 곳에서만 놀라고 하셔.
무릎까지 물이 닿는 데서 놀면 무슨 재미가 있겠어.
수영 교실에서 배운 수영을 자랑하고 싶은데 말이야.

고작 무릎까지 물이 닿는걸

강(또는 계곡)과 수영장의 차이가 무엇일까?
수영장의 깊이는 일정하지만, 강의 깊이는 들쭉날쭉하다는 거야.
어디가 얕은지 깊은지 알 수 없잖아. 그래서 안심할 수가 없어.

단지 한 걸음 더 내디뎠을 뿐인데,
갑자기 밑으로 쑥 빠질 수 있어.
몸 전체가 물에 빠지는 거지.
그러면 어떤 대비도 못한 채 물을 먹게 돼.
빠져나오려고 허우적거리다가 힘만 빠져.
수영 교실에서 배운 수영은 하나도 생각나지 않을 거야.

엄마가 얕은 곳에서만 놀라고 하는 건 바로 그런 이유 때문이야.
물 높이를 생각해야 하는 건 바다에서도 마찬가지야.
안전한 해수욕장으로 지정되지 않은 바닷가에서는
물놀이를 삼가자.

큰 파도에 휩쓸렸을 때는 물을 조금 먹는 게 나을 수 있어.
물을 먹지 않으려고 버둥대면 빠져나갈 힘을 잃게 되거든.

몸의 힘을 빼고 파도에 몸을 맡긴 채
잠시 숨을 멈추면 몸이 자연스럽게 떠올라.

수영하다가 팔과 다리에 경련이 날 수 있어.
이럴 때도 몸의 힘을 빼서 편안한 자세를 만들면 나아질 거야.

발이 수초에 감겼을 때는
물흐름에 따라 부드럽게 움직여서 빠져나오자.
놀라서 발길질하면 수초에 더 휘감길 수 있으니까
침착하게 행동해.

물놀이할 때는 안전 규칙을 잘 지켜야 해. 네가 아는 물놀이 안전 수칙을 세 가지 정도 써 보자.

　　　예) 물에 들어가기 전에는 반드시 준비운동을 한다.

물에 빠진 사람을 발견하면 주위 사람들에게 큰 소리를 쳐서 도움을 청해야 해. 수영을 잘하는 것과 구조하는 것은 다르므로 섣불리 뛰어들지 않는 게 좋아. 물에 빠진 사람은 지푸라기라도 잡으려 하고 본능적으로 구조자 위로 올라가려고 하기 때문이야. 물에 뜨는 물건을 던져서 그것을 붙잡고 물 밖으로 나오게 하는 게 좋아. 튜브가 없다면 무엇이 좋을까?

'이안류'라는 현상을 들어봤어? 이안류는 해안가에서 파도가 부서지면서 육지 쪽으로 밀려든 바닷물이 좁은 폭을 따라 급하게 빠져나가는 흐름을 말해. 이안류가 위험한 이유는 얕은 곳에서 물놀이하던 사람들을 순식간에 깊은 바다로 데려가기 때문이야. 인터넷에 이안류에 대처하는 방법을 검색해 보고 아래에 정리해 보자.

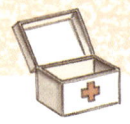

산과 들

동네 뒷산에 오르거나 공원을 산책하면서
'뱀 출몰 주의!'라고 쓰인 표지판을 봤어.
그런데 뱀이 진짜 나와? 뱀이 아직도 많이 있는 거야?

뱀은 한 번도 본 적 없어

이렇게 대처하자

깊은 숲속에만 뱀이 살 거라고 생각하는 건 착각이야.
네가 즐겨 찾는 강변공원에도 뱀이 살고 있어.
그러니까 '뱀 출몰 주의!'란 표지판을 가볍게 여겨서는 안 돼.

최근 환경이 변해서 독사가 많아졌다고 해.
독사는 습한 곳을 좋아하기 때문에
습지가 많은 강변공원이 서식하기에 좋은 환경이 돼.

날씨가 쌀쌀해지는 가을이 되면 뱀은 더욱 사나워져.
겨울잠을 자기 위해 먹이를 많이 먹어두어야 하거든.

어떻게 하면 뱀에 물리지 않을까?
공원을 산책할 때 반바지를 입거나 슬리퍼를 신지 않아야 해.
풀밭이나 물이 고인 곳에는 되도록 들어가지 말고
포장된 길로만 다니는 게 좋아.

안전을 생활화하자

뱀에 물리는 사고 만큼이나 벌에 쏘이는 사고도 자주 일어나.

말벌은 꿀벌보다 두세 배 커서 매우 위협적이야.
게다가 독이 가득 든 침을 가지고 있어서
머리에 쏘이면 목숨이 위태로울 수도 있어.

말벌이 보이거나 말벌의 날갯짓 소리가 나면 당황하지 말자.
헐레벌떡 뛰는 것은 오히려 말벌을 자극할 수 있어.
마음을 가라앉히고 천천히 피하는 게 좋아.

명심하자, 당황하지 말고 침착하게 행동하기.

뱀에 물렸을 때 어떻게 대처해야 할까? 아래 응급처치법 순서를 따라해 보자.

① 곧바로 119에 전화해서 구급차를 기다린다.
② 물린 곳 5cm 위를 손수건으로 가볍게 묶어서 혈액의 흐름을 차단한다.
③ 물린 곳을 심장보다 낮은 위치에 둔다.
④ 심호흡하면서 침착함을 유지한다.

뱀에 물렸을 때 해서는 안 되는 행동은 무엇일까? 아래에서 골라 보자.

① 물린 곳을 얼음으로 찜질한다.
② 독사에게 물렸다면 입으로 독을 빨아낸다.
③ 뱀에게 물린 자리를 깨끗한 천으로 닦는다.
④ 물었던 뱀을 잡으려고 하지 않고 곧장 몸을 피한다.

벌에 쏘였을 때 응급처치하는 방법으로 알맞은 것을 골라 보자.

① 플라스틱 카드보다 핀셋이나 손가락으로 벌침을 빼는 것이 좋다.
② 소독약으로 쏘인 부위를 소독한다. 소독약이 없을 때는 비눗물을 사용한다.
③ 차가운 얼음으로 쏘인 부위를 찜질한다.

건널목 안전과 무단횡단

앗! 친구랑 이야기하다 보니 학원 시간이 늦었어.
신호등은 빨간불이지만 마침 차가 안 지나가네.
빨리 건너면 되지 않을까?

차가 없으니 건널 수 있잖아

이렇게 대처하자

학원에 늦을 것 같아 걱정하는 건 이해하겠어.
그렇지만 빨간불에 건너서는 안 돼.
늦더라도 안전하게 가야지. 사고는 한순간에 일어날 수 있으니까.

어린이가 오래 머무르는 학교와 주택가에서
무단횡단이 자주 일어나.
잘 아는 곳이라고 믿기 때문이야.

당장 차가 없으니 건널 수 있을 것 같아도
지하 주차장에서 차가 불쑥 올라올 수도 있고,
건너편에서 갑자기 회전해서 들어올 수도 있어.

이유야 어찌 됐든 빨간불에 건너거나
무단횡단할 생각은 절대 해서는 안 돼.

안전을 생활화하자

우리나라 도로교통법에서 보행자는 운전자보다 우선이야.
사람이 차에 부딪혔을 때
운전자의 잘못이 훨씬 크다는 뜻이지.

도로는 언제나 위험한 곳이므로 보행자는 항상 주의해야 해.
그런데 도로 중간에 있는 중앙분리대나
화단을 뛰어넘는 사람이 있어.
또 좌우를 살피지 않고 건너기도 해.
이런 행동은 절대 따라하지 말자.

운전자가 나의 안전을 지켜주지는 않아.
나의 안전은 내가 지켜야 해.

녹색 신호등이 켜진 후 얼마 지나면 신호등이 깜빡거리면서 숫자가 표시돼. 이십여 초 뒤에 신호가 바뀐다는 뜻이지. 이럴 땐 어떻게 하면 좋을까? 곧 신호가 바뀔 테니 있는 힘껏 뛰어갈까, 아니면 다음 신호를 기다릴까?

―――――――――――――――――――
―――――――――――――――――――

많은 사람이 길을 건너면서 휴대전화를 보거나 통화를 해. 귀에 이어폰을 꽂고 음악을 듣기도 하고. 앞만 보고 걸으면 아무 일 없다고 생각하는 거야. 이런 모습이 나의 안전을 지키는 바람직한 자세일까? 네 생각을 이야기해 봐.

―――――――――――――――――――
―――――――――――――――――――

좁은 도로에서 주차된 차들 사이를 뛰어 지나간 적이 있어? 그때 갑자기 차가 지나가면 어떻게 될까? 아무리 조심해서 운전하는 사람이라도 피할 수 없을 거야. 건널목 표시가 없는 도로를 건널 때 어떤 점을 유의해야 할까? 세 가지를 써 보자.

예) 큰 트럭이나 버스 앞을 지나가려고 하지 않는다. 왜냐하면 큰 차는 작은 차보다 사각지대가 더 넓기 때문이다.
―――――――――――――――――――

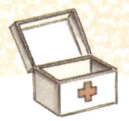

자전거와 킥보드

자전거는 차가 아니잖아.
당연히 사람들이 걸어 다니는 인도로 다녀야지.
자전거를 자동차가 다니는 도로에서 타면 위험하잖아.

자전거가 두 바퀴 차라고?

이렇게 대처하자

네 말이 맞긴 한데, 자전거는 사실 교통수단인 차마(車馬)에 속해.
곧 자전거는 자동차가 달리는 도로를 달릴 수 있어.
자전거에 오르는 순간 운전자가 되는 거지.

자전거가 자동차와 함께 달리면 무척 위험해 보일 거야.
그래서 인도에 자전거 전용도로를 만들어 놓았어.
그 결과 자전거는 자동차의 위협에서 벗어났어.
그렇지만 보행자는 자전거의 위협을 느낄 수 있지.

만약 자전거를 타고 가다가 사람을 치면 어떻게 해야 할까?
엄연히 교통사고이므로 다친 사람을 구조해야 해.

자전거는 두 바퀴 차야.
자전거를 탄 사람에게는 보행자를 보호할 책임이 있어.

안전을 생활화하자

자전거를 타고 건널목을 건널 때
내려서 걸어가라는 말을 들었을 거야.
하지만 그걸 지키는 사람은 거의 없어.
대부분 자전거를 탄 채 길을 건너잖아.

자전거를 타고 길을 지날 때는 천천히 가는 게 좋아.
그런데 자전거 전용도로가 없는 곳이라면
도로로 갈 수밖에 없어.
이때는 도로의 가장자리를 따라가면 돼.
자동차가 주의하면서 지나가도록 손짓하는 것도 좋아.
그러나 도로에서는 되도록 자전거를 타지 않도록 하자.

지구 환경을 생각하고 건강을 유지하기 위해 많은 사람이 자전거를 타. 자전거는 자동차처럼 속도가 빠르지 않지만, 자전거에서 넘어지면 크게 다칠 수 있어. 안전 장비를 갖춘 다음 자전거를 타는 게 바람직해. 어떤 안전 장비를 갖추면 좋을까?

예) 헬멧

___

자전거를 잘 탄다고 하면서 한 손으로만 운전하거나 두 손을 모두 내려놓고 운전한 적은 없어? 내리막길에서 페달을 마구 밟은 적은? 눈 오는 날인데도 자전거를 탄 적은 없을까? 자전거를 운전할 때 어떤 좋은 습관을 들여야 할까?

예) 사람들 사이를 무리하게 빠져나가지 않는다.

___

발로 차서 앞으로 나아가는 킥보드는 장난감이야. 전기로 가는 전동 킥보드는 자동차와 같은 교통수단으로 어린이는 탈 수 없어. 친구들과 함께 킥보드를 탈 때 어떤 점에 유의해야 할까? 세 가지를 써 보자.

예) 반드시 안전모(헬멧)를 머리에 쓰고, 팔꿈치와 무릎 보호대도 착용한다.

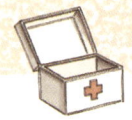

빙판길 미끄럼 사고

아침에 일어나 보니 집 앞이 온통 빙판길이야.
밤새 꽁꽁 얼어붙었나 봐. 동생이랑 밖으로 나갔어.
신나게 얼음 스케이트를 타려고 말이야.

빙판길에서 노는 건 정말 신나

이렇게 대처하자

반질반질 미끄러운 집 앞 빙판길에서
동생이랑 신나게 놀고 싶은 건 이해해.
다만 몇 가지 사항을 주의하자.

빙판길은 아주 미끄러워.
자칫 잘못하다가 엉덩방아를 찧기 쉽지.
그래서 일자로 몸을 펴기보다
앞으로 조금 숙이고 무릎을 굽히는 게 좋아.
몸의 중심이 낮아야 미끄러져도 크게 다치지 않거든.

손을 주머니에 넣는다든지 손에 물건을 드는 것은 삼가야 해.
미끄러졌을 때 땅을 짚지 못해 머리를 다칠 수도 있으니까.
빙판길에서 더 신나게 놀기 위해
잘 미끄러지는 신발을 신기도 하는데,
만약을 대비해 절대 그러지 않도록 하자.

안전을 생활화하자

미끄러질 때 앞으로 넘어지지 않으려고 애쓰기도 해.
엉덩방아를 찧으면 괜찮다고 생각해서지만
꼭 그렇지는 않아.
뒤로 넘어지면 몸무게의 4배에 달하는 충격을 받게 되거든.
잘못하면 뒷머리가 바닥에 부딪혀 뇌진탕이 올 수도 있어.
자연스럽게 앞으로 넘어지는 게 나아.
그러려면 손에 꼭 장갑을 끼고 있어야지.

친구들끼리 가다가 미끄러지면
친구의 손이나 옷소매를 잡기도 하는데,
그럴 땐 다 함께 다칠 수 있어.

빙판길에서는 뒤꿈치에 힘을 주고 천천히 걷는 게 좋아.

추운 겨울에는 두꺼운 옷을 입어. 무릎 아래까지 내려오는 패딩을 입는 때가 많아. 그런데 눈길이나 빙판길을 걸을 때 두꺼운 옷과 롱패딩이 안전을 보장해 줄 수 있을까?

겨울에는 낮에도 영하의 추운 날씨를 보이는 날이 많아. 햇볕이 잘 비치고 사람들도 많이 다니는 곳은 눈과 얼음이 금세 녹지만, 좁은 골목이나 큰 건물에 가려져 그늘진 곳은 그렇지 않지. 겨울철에 길을 걸을 때 미끄럼 사고를 당하지 않으려면 어떤 길로 다니는 게 좋을까?

겨울에 발목을 감싸는 방한화를 자주 신을 거야. 털이 많아서 발이 따뜻하잖아. 눈이나 얼음이 신발 속으로 들어오지 않는 장점도 있어. 이런 방한화가 미끄럼 사고 예방에 도움이 될까?

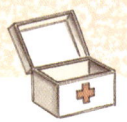

반려동물 물림 사고

조그마한 개가 날 보더니 사납게 짖어대는 거야. 내가 뭘 했다고 그러는지. 더 짖으면 내가 더 크게 소리 지를 거야. 까불지 말라고 말이야.

개가 짖을 땐 크게 소리치면 돼

이렇게 대처하자

"우리 개는 안 물어요." 이런 말 들어봤을 거야.
물론 개는 자기 주인을 물지 않아. 하지만 주인이 아닌
다른 사람은 물 수 있어. 주인을 지키려는 습성 때문이야.

사람이 개와 함께 산책하는 모습을 흔히 볼 수 있어.
그만큼 반려견을 키우는 사람이 많아졌고,
개와 사람과의 충돌도 잦아졌다는 의미야.

개는 주인을 지키기 위해
자기보다 몸집이 작은 어린이를 공격할 수도 있어.
개의 공격을 막기 위해서는
주인 허락 없이 개에게 가까이 가거나 만지지 않는 게 좋아.
먹이를 먹고 있거나 새끼를 키울 때는 특히 민감할 수 있으니까
건드리지 않아야 해.

개의 특성을 알아야 물리는 사고를 피할 수 있어.

안전을 생활화하자

반려견의 주인은 안전 수칙을 반드시 지켜야 해.
큰 개일 경우 입마개를 잘하고
목줄이 손에서 빠지지 않도록 신경 써야지.
사람이 지나갈 때는 자기 쪽으로 목줄을 잡아당겨서
피해가 없도록 해야 해.

개가 공격하려는 자세를 취하면 어떻게 해야 할까?
으르렁대거나 소리를 지르는 건
오히려 개를 자극하므로 좋지 않아.
가만히 서서 눈을 마주치지 않는 게 더 나아.
뒤를 보이면서 도망치면 개가 맹렬하게 쫓아올지도 모르니까
뒷걸음질을 치며 피하자.

잘 짖지 않고 사람을 좋아하는 온순한 개도 돌발 행동을 할 수 있어. 꼬리나 귀를 잡혔을 때 순식간에 이빨을 드러내지. 개가 꼬리를 흔들면 반갑다는 표시라고 하잖아. 그런데 그게 아니라고 해. 개가 꼬리를 좌우로 흔드는 건 어떤 신호일까?

개가 뛰는 속도는 시속 60km야. 사람은 아무리 빨리 뛰어도 시속 25km니까 개를 따돌릴 생각은 애초부터 하지 않아야 해. 개가 달려들 때는 가지고 있는 물건이나 주변에 있는 물건을 활용하면 좋아. 네게 먹을거리, 가방, 모자, 우산 등이 있다면 그것으로 사나운 개를 어떻게 막을 수 있을까?

개는 오랫동안 사람과 함께 살아서 야생성을 잃었다고 해. 하지만 아예 없어진 건 아니야. 사냥 본능을 자극하면 언제든 돌변할 수 있어. 개가 무는 힘은 굉장히 세. 한번 물면 놓지 않으려고 해. 웬만한 어른들도 공격성 강한 개를 물리치기가 쉽지 않지. 개에 물렸을 때 가장 먼저 해야 할 일은 무엇일까?

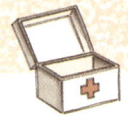

공사장 근처 사고

학교 앞 건너편에서 공사가 시작되었어.
오늘 보니까 가림막이 나풀거리더라고.
바람이 확 불면 찢어질 것 같은데 괜찮을까?

공사장 가림막이 나풀거려

이렇게 대처하자

괜찮아 보이지 않아. 가림막이 넘어지거나 찢기면
그 옆을 지나가는 사람이 다칠 수 있잖아.
학교 선생님이나 부모님께 알리면 좋겠어.

공사하는 현장에는 위험한 것이 많아.
큰 소리를 내며 움직이는 거대한 크레인,
땅을 파는 굴착기, 흙과 모래를 실어 나르는 큰 화물차,
콘크리트를 실어 나르는 레미콘차까지
각종 중장비가 공사장을 오고 가.

학교 앞에 공사가 있으면 안전에 더욱 신경 써야 해.
어린이들은 시야가 좁아서 위험한 것을 잘 못 보니까 말이야.

그러니까 공사장을 지날 때는 주변을 잘 살피자.
돌아가더라도 공사장을 피해서 돌아가는 게
가장 현명한 방법이야.

안전을 생활화하자

공사장 근처에는 안전요원을 배치해야 해.
큰 차가 오갈 때 사람들을 통제하는 등
만약의 사태에 대비하는 거지.

그런데 안전요원의 지시에 따르지 않는 어린이가 간혹 보여.
접근하지 말라고 세워 둔 안전 고깔 안으로 들어가고,
접근금지 테이프 밑으로 들어가려고 해.
큰 화물차 앞을 쏜살같이 지나가기도 하고 말이야.

이런 행동은 절대 삼가야 해.
'안전 제일'이란 표어를 많이 봤지?
공사장 지날 때 꼭 기억해야 할 말이야.

공사장 앞길은 안전 울타리를 설치해 놓아서 통행할 수 있는 길이 좁아져. 자동차가 마주 온다면 여유 있게 피할 수 없게 돼. 이럴 때 안전하게 지나가는 방법은 무엇일까?

_____
_____

공사장 주변 길거리에 못이 박힌 나무 합판이 놓여 있기도 해. 깨진 벽돌이 쌓여 있기도 하고. 어린이들이 그런 위험한 건축 자재를 갖고 논다면 큰일이 나겠지. 네가 어른이라면 사고를 예방하기 위해 무엇을 할 수 있을까?

_____
_____

사람들이 걸어 다니는 길에서도 공사를 해. 맨홀 뚜껑을 열고 그 안에 들어가 뭔가를 수리하는 거지. 보행로에 안전 고깔이 세워져 있는 걸 봤다면 어떤 행동을 하지 않아야 할까?

_____
_____

고층 아파트로 이사할 때는 사다리차를 이용해. 집으로 가는 길에 사다리차가 이삿짐을 올리고 있다고 하자. 어떻게 하면 안전하게 지나갈 수 있을까?

_____
_____

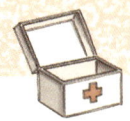 올바른 안전띠 착용

승용차 뒷자리에 앉을 때 안전띠를 매라고 하는데,
너무 불편해. 딸깍 안전띠를 끼우기도 힘들고.
어린이용 안전띠는 없는 거야?

뒷자리 안전띠는 불편해

이렇게 대처하자

어렸을 적 작은 카시트에 앉았던 기억이 나지?
'X'자로 된 안전띠를 매었을 거야.
지금 하는 안전띠가 영 불편하다면
조금 편한 어린이용 안전띠를 설치해 달라고 부탁하자.

자동차 안전띠 착용은 아무리 강조해도 지나치지 않아.
안전띠 착용은 선택이 아니라 필수야.
가끔 차가 막혀서 느리게 갈 때,
오랫동안 차 안에 있을 때 안전띠를 풀기도 해.
하지만 그건 절대 해서는 안 될 행동이야.
사고는 차가 빠르게 갈 때만 일어나는 게 아니니까.

어쩌다가 엄마나 아빠가 너를 안고 탈 수도 있는데,
그것도 절대 안 돼.
꼭 제자리에 앉아서 안전띠를 올바로 매야지.
혹시나 어른들이 안전띠를 매지 않는다면, 꼭 매라고 알려 줘.

안전을 생활화하자

안전띠를 모두 착용해야
시동이 켜지는 차가 있으면 얼마나 좋을까?
사람의 체형에 따라 안전띠가 저절로 변해서
불편하지 않게 하면 더 좋을 거야.
미래에 꼭 이런 자동차가 만들어지기를 기대해.
지금은 그런 차가 없으니 안전띠 착용을 더 잘해야지.

고속도로를 빠르게 달리는
광역버스나 고속버스에도 안전띠가 있어.
그건 꼭 매어야 한다는 뜻이야.

잊지 마!
차 타면 무조건 안전띠야.

'도로 위의 생명줄'인 안전띠를 착용하지 않으면 과태료를 내야 해. 특히 13세 미만 어린이가 안전띠를 매지 않으면 더 많이 부과돼. 어린이 카시트를 설치하지 않아도 마찬가지야. 아래의 내용 가운데 올바른 안전띠 착용 방법이 아닌 것은 무엇일까?

① 안전띠가 꼬이지 않도록 주의한다.
② 안전띠는 느슨하게 해도 된다.
③ 안전띠의 허리벨트는 배에 두지 않고 엉덩뼈에 밀착한다.
④ 안전띠의 어깨끈이 머리에 닿지 않도록 조심한다.
⑤ 하나의 안전띠를 두 사람이 착용해서는 안 된다.

고속열차는 자동차보다 훨씬 빨리 달려. 그런데 고속열차의 좌석에는 안전띠가 없어. 왜 그럴까? 안전을 위해 꼭 있어야 하는 게 아닐까? 왜 고속열차와 전철 등 기차에는 안전띠가 없을까?

비행기 안에도 안전띠가 있어. 비행기가 이륙하고 착륙할 때 반드시 안전띠를 매어야 하지. 그밖에 운항하는 동안은 안전띠를 매지 않아도 돼. 그런데 어느 때는 안전띠를 매어야 해. 어느 때일까?

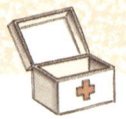

대중교통에서 승하차하기

혹시 못 내릴까 봐 미리 뒷문으로 간 거야.
버스가 빨리 달리니까 위험하긴 해도 그게 낫잖아.
그런데 기사 아저씨한테 혼났어.

운행중에 이동하면 위험해요

내릴 때 미리 벨을 누르라며?

이렇게 대처하자

우리나라 문화에 '빨리빨리'가 있어. 뭐든 빨리하려고 해서
다른 나라보다 빨리 경제를 발전시키고 부유한 나라가 되었지.
그러나 '빨리빨리'는 안전에 큰 걸림돌이 돼.

버스 타는 승객 대부분이 미리 뒷문으로 가 있으려고 해.
발 디딜 틈 없이 승객이 꽉 차 있으면 내리지 못할 수도 있으니까.
그런데 승객이 많지 않거나 버스가 빠르게 달리고 회전할 때
움직이는 건 매우 위험해.

어떤 버스에는
"운행 중에 이동하다 다치면 책임지지 않습니다."라는
안내 문구가 쓰여 있어.

버스가 완전히 멈출 때까지 기다렸다가 내리자.
또 한눈팔지 말고 버스가 어디쯤 왔는지 알고 있자.
급하게 내리면 다칠 수 있으니까.

버스를 타고 내릴 때 넘어지는 사고가 자주 일어나.
몸이 불편한 나이 많은 분들이 많이 다쳐.
서서 갈 때 버스가 급하게 출발하거나 멈추면 넘어지게 돼.
그러니까 손잡이를 꼭 잡고 있어야겠지.

많은 사람이 버스 안에서 휴대전화를 봐.
한 손은 휴대전화를 들고,
다른 손은 손잡이를 잡아서 괜찮다고 생각하겠지만,
한 손이 자유롭지 못하니까
위험이 닥쳤을 때 대처하기가 힘들어.

목적지까지 안전하게 갈 수 있도록 주변을 잘 살피자.

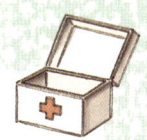

버스 뒷문이 열리자마자 급하게 뛰어내린 적은 없어? 계단을 제대로 밟지 않고 휙 뛴 적 말이야. 또 버스가 완전히 멈추지 않았는데 문이 열렸다고 해서 뛰어내린 적은? 그럴 때 어떤 사고가 날 수 있을까?

  예) 발을 헛디뎌 넘어질 수 있다.
_____
_____

내리려는 사람이 뒷문에 서서 교통카드 단말기에 카드를 대다가 떨어뜨렸어. 네가 우연히 그 장면을 봤다고 하자. 그 사람은 계단에 떨어진 카드를 주우려고 몸을 숙였어. 그때 버스가 멈추고 뒷문이 열렸어. 위험해 보이는 순간에 어떤 도움을 줄 수 있을까?

_____
_____

친구들과 함께 버스 탈 때 자리가 있는데도 앉지 않고 서서 가려고 한 적 없어? 뒤에 공간이 넓은데도 앞에 모여 있던 적은? 내릴 정류장이 아직 먼 데도 뒷문에 서 있던 적은 없을까? 대중교통인 버스에서 이런 행동을 하는 것이 나와 다른 승객의 안전을 위해 바람직할까? 네 생각을 이야기해 봐.

_____
_____

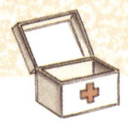

대중교통에서 비상 탈출

전철 승강장에서 전철을 기다리는데 빨간 망치가 보였어.
'비상 탈출용 망치'라고 쓰여 있더라고.
저렇게 작은 망치로 어떻게 커다란 유리를 깨?

역 안에 있는 빨간 망치는?

> **이렇게 대처하자**

비상 탈출용 망치를 우습게 보면 안 돼. 그걸로 커다란 유리의
가장자리를 힘껏 내리치면 순식간에 유리가 박살 나니까.
하지만 아무 때나 쓰면 안 돼. 비상 탈출할 때만 쓰는 거야.

전철을 타고 가다 보면
모니터에서 비상 탈출 방법을 소개하는 영상이 나와.
출입문 옆에는 위급한 상황이 닥쳤을 때
문을 어떻게 열어야 하는지 설명되어 있어.
안전문을 수동으로 어떻게 열어야 하는지도 자세히 나와 있지.

그런 설명을 다 읽어 보았어?
읽고 나서 다 이해했어?
그런데 그런 방법으로 문을 열 수 없는 상황이 올 수도 있어.
그럴 때 유리를 깨고 밖으로 나와야 하는 거야.
비상 탈출용 망치를 써서 말이야.

안전을 생활화하자

버스에서는 어느 곳에 비상 탈출용 망치가 있을까?
서른 명 이상 타는 대형버스에는
여러 군데에 비상 탈출용 망치가 걸려 있어.
혹시나 유아들이 갖고 놀지 못하도록
버스 천장 가까이에 붙여 놔.

망치 아래에는 주의 문구가 있는데,
그건 '가져가지 마시오.'야.
망치를 가져가는 몰지각한 사람이 있을까?
불행히도 그런 사람이 많다고 해.

이제부터 버스 탈 때 망치가 제대로 비치되어 있는지
눈여겨보자.

버스, 전철, 열차 등 대중교통 수단에는 비상 탈출용 망치를 꼭 비치해 놓아야 해. 그런데 대중교통에만 있어야 할까? 우리 집 자동차에도 놓아두면 좋지 않을까? 부모님께 우리 집 차에도 비상 탈출용 망치가 있는지 물어봐. 없으면 안전을 위해 사놓자고 말씀드리자.

―――――――――――――――――――
―――――――――――――――――――
―――――――――――――――――――

전철을 탈 때면 여러 안내 방송을 듣게 돼. 출입문이 닫힐 때 무리하게 타지 말라는 안내, 출입문에 몸을 기대지 말라는 안내를 들어. 그밖에 안전과 관련하여 어떤 안내 방송이 있을까? 생각나는 대로 써 보자.

예) "출입문을 손으로 짚으면 위험하니 조심하시기 바랍니다."

―――――――――――――――――――
―――――――――――――――――――

만약 버스나 자동차에 비상 탈출용 망치가 없다면 무엇으로 유리창을 깨야 할까?

① 자동차 안전띠 끝에 있는 (   )
② 불을 끌 때 사용하는 (   )
③ 자동차 의자의 목 받침에 연결되어 있는 (   )

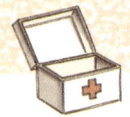

여객선과 여객기 사고

섬을 여행하기 위해 여객선에 올라탔어.
비상 상황이 되면 구명조끼를 입으라는 안내 방송이 들리더라고.
구명조끼를 보니 갑갑할 것 같아. 안 입게 되면 좋겠어.

구명조끼는 갑갑할 것 같아

이렇게 대처하자

네 말이 맞아. 구명조끼를 입는 상황은 오면 안 되지.
그런데 구명조끼는 갑갑함을 느끼도록 착용해야 해.
구명조끼가 헐렁하면 큰 문제가 생기거든.

구명조끼에는 두 가지가 있어.
하나는 공기(가스)를 불어 넣어 부풀리는 '팽창형',
다른 하나는 물에 뜨는 소재를 이용하는 '부력 소재형'이야.
여객선에는 대개 부력 소재형이 비치되어 있어.

구명조끼는 조끼처럼 걸쳐 입는 옷이 아니야.
따라서 몸에 두른 뒤 조임 끈으로 단단하게 고정해야 해.
팽창형 구명조끼 중에는 직접 공기를 넣어야 하는 것도 있고,
끈을 당기면 자동으로 가스가 차서 부풀어 오르는 것도 있어.

구명조끼의 종류와 착용법을 미리 알아놓자.

안전을 생활화하자

여객기를 타면 승무원이 구명조끼 착용법을 안내해 줘.
여객기에 구명조끼가 있는 이유는
비행기가 바다에 추락할 수 있기 때문이야.

구명조끼는 배나 비행기를 탈 때만 입는 게 아니야.
워터파크에서 인공 파도를 즐길 때,
바나나 보트 같은 기구를 탈 때도 입어.
물에 빠져 목숨을 잃는 사고를 막기 위해서지.

물에 빠졌을 때는 저체온증이 가장 위험해.
구명조끼를 착용하고 물에 떠 있으면서
가능한 한 빨리 구명보트에 올라타는 게 제일 안전해.

2014년 진도 앞바다에서 일어난 '세월호 참사'를 모르는 사람은 없을 거야. 세월호가 침몰할 때 승객의 대부분은 구명조끼를 입고 있었어. 하지만 기다리라는 안내 방송에 따라 객실에서 대기하다가 목숨을 잃고 말았어. 배 밖으로 나왔다면 모두 구조될 수 있었을 텐데 말이야. 구명조끼를 입고 나서 어떻게 행동해야 목숨을 구할 수 있을까?

구명조끼의 올바른 착용법을 알아보자.

  ① 자기 몸무게에 맞는 구명조끼를 착용한다.
  ② 버클을 빠짐없이 채운다.
  ③ 다리 사이로 줄을 단단히 고정한다.
  ④ 구명조끼가 턱 위로 올라가지 않는지 확인한다.

그밖에 꼭 지켜야 할 주의사항이 있다면 무엇일까?

  예) 머리 위로 두 팔을 들어 구명조끼가 몸에 밀착되었는지 확인한다.

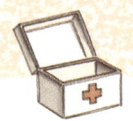

지진과 해일

큰 지진이라도 고작 1~2분밖에 안 된다고 배웠어.
지진이 나면 바로 책상이나 탁자 밑으로 들어가면 되잖아.
1~2분은 금방 지나가는 거 아냐?

지진이 나면 탁자 밑으로

> **이렇게 대처하자**

네 말이 틀린 건 아냐. 하지만 탁자가 있는 곳에 있을 때만
지진이 일어나는 건 아니잖아. 지진 대피 방법은
네가 어디에 있느냐에 따라 달라져.

책상이나 탁자 밑으로 들어갈 때 중요한 것은
머리를 다치지 않도록 하는 거야.
베개나 쿠션으로 머리를 감싸면 좋아.
책꽂이나 장식장에서는 멀리 떨어지는 게 좋아.
가구가 갑자기 쓰러지고 물건이 한꺼번에 쏟아져 다칠 수 있거든.

길에 있을 때는 담벼락, 전신주, 가로등,
신호등 근처에서 멀어지는 게 좋아.
흔들려서 쓰러지는 것이 없는 곳,
운동장이나 넓은 공터가 안전하지.
안전한 곳이라도 머리를 보호하고 몸을 최대한 웅크려야 해.

안전을 생활화하자

한동안 우리나라는 지진이 일어나지 않는
안전지대라고 여겼어.
그러나 2016년 9월 경주에서 규모 5.8의 지진이 일어나
48명이 다쳤어.
100억 원이 넘는 재산 피해가 생겼고,
국보인 첨성대가 북쪽으로 2cm 더 기울어지기도 했어.

그 후 1년이 지나 포항에서 또 지진이 일어났어.
아파트가 기울어지고 건물 외벽이 무너져 자동차가 부서졌지.

우리나라는 이제 지진 안전지대가 아니야.
그러니까 지진 대처 방법을 반드시 알고 있어야 해.

우리가 발을 딛고 사는 땅은 겉으로 보기에는 평온해 보여. 하지만 땅속에서는 어마어마한 일이 벌어지고 있어. 땅속 지각이 쉴새 없이 움직이기 때문이야. 땅이 흔들리는 지진이 일어나고, 땅이 솟아오르거나 갈라지고, 화산이 폭발해. 땅의 변화는 막을 수가 없지. 하지만 피해를 줄이는 노력은 할 수 있어. 지진 피해를 줄일 방법으로 뭐가 좋을까?

　　예) 지진에 견딜 수 있도록 건물 설계하기

바닷속에서 지진이 일어나면 바닷물 높이가 갑자기 올라가. 높이 솟은 바닷물이 육지로 밀려오면 해일이 일어나. 지진 해일, 곧 쓰나미지. 2011년 일본에서 대지진이 일어났을 때 사망자의 90%가 지진 해일에 휩쓸려 익사했어. 그만큼 지진 해일은 무서운 거야. 지진 해일이 일어나면 어떻게 대처해야 할까?

　　예) 바닷가에 있을 때 지진을 느꼈다면 빨리 바닷가에서 벗어나
　　　　높은 곳으로 올라간다.

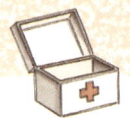

태풍

태풍경보가 내려졌다고 하네.
강력한 태풍이라는데, 설마 사람까지 날려 버리기야 하겠어?
만화 같은 일은 벌어지지 않을 거야.

태풍 분다고 날아가진 않잖아

이렇게 대처하자

태풍이 불 때 밖에 나가지 말라고 하지?
그건 태풍에 날아가지 않도록 조심하라는 말일까?
그것보다 온갖 시설물이 떨어지고 날릴 수 있으니 조심하라는 거야.

허허벌판에서 초강력 태풍을 만나면, 진짜 날아갈 수도 있어.
하지만 도시에는 건물이 빽빽하게 들어서 있어서
그런 일은 거의 일어나지 않아.
도시에 태풍이 불 때 가장 위험한 것은
간판 같은 시설물이 떨어지거나 날리는 거야.
그게 태풍의 강력한 바람보다 우리의 안전을 더 위협해.

태풍 예보가 나면,
TV나 인터넷을 통해 시시각각 변하는 상황을 잘 살피자.
만약에 대비해 피난 계획을 세우는 것도 필요해.

안전을 생활화하자

태풍이 무서운 건 바람 때문만이 아니야.
한꺼번에 쏟아지는 비도 큰 피해를 줘.
물난리가 나서 논밭이 쑥대밭이 되고, 도시 곳곳이 물에 잠겨.
계곡에서 물놀이하던 사람들이
불어난 물 때문에 고립되기도 해.

내가 사는 곳에는 태풍이 몰려오지 않으니
괜찮을 거라고 생각하지만,
태풍의 크기는 대개 우리나라 전체를 덮어서
어느 곳이든 피해가 날 수 있어.

개미처럼 더듬이를 세우고 태풍 상황을 지켜보자.

태풍이 불 때 어떤 준비를 해야 할까? 지역마다 다른 예방법을 적어 보자.

① 농촌　예) 논의 배수로를 정비한다.
② 어촌　예) 배를 포구에 잘 묶어 놓는다.
③ 도시　예) 세워 놓은 간판은 건물 안으로 들여놓는다.

태풍이 불 때 창문이 깨지는 피해가 날 수 있어. 고층 건물의 창문이 깨지면 그 아래 있던 사람들이 피해를 보게 되지. 집의 창문이 깨지지 않게 하려면 어떤 방법을 써야 할까?

예) 창틀 가장자리에 테이프를 붙여 창문이 흔들리지 않게 한다.

1959년 9월에 태풍 '사라'가 우리나라를 강타했어. 불과 하루 만에 엄청난 피해가 났지. 사망자와 실종자는 849명, 부상자는 2,533명, 집을 잃은 이재민은 무려 37만여 명이었어. 도로와 제방, 축대와 다리가 끊기고 파손되는 등 그 손실은 헤아릴 수 없을 정도로 컸지. 피해는 강풍보다 비와 해일에 의한 것이었어. 사라는 지금까지도 악명높은 태풍으로 불리고 있어. 그런데 기후 변화로 태풍의 위력이 점점 더 커진다고 해. 바닷물 온도가 점점 높아지는 탓이지. 수온 상승을 막기 위해 우리가 할 수 있는 일은 무엇일까?

예) 석유나 석탄 같은 화석 연료 사용 줄이기

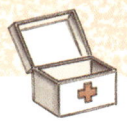

폭우와 홍수

며칠째 비가 내리고 있어. 하늘이 뻥 뚫린 것 같다니까.
뉴스를 보니 저지대에 사는 사람들은 주의하라고 하더라고.
우리 집은 고층에 있으니까 괜찮겠지?

고층 집이라서 비 피해가 없어

이렇게 대처하자

고층에 살면 물이 차오르는 일은 생기진 않을 거야.
그러면 안전할 걸까? 폭우가 내려 전기가 끊긴다면?
지하 주차장에 물이 찬다면? 마냥 안심할 수는 없어.

어느 한 곳에 비가 한꺼번에 쏟아져 내리는 현상,
곧 집중호우(게릴라성 폭우)가 해마다 늘고 있어.
고층빌딩이 즐비한 거리가 순식간에 물바다가 되어
차들이 잠기는 장면을 본 적이 있을 거야.
어떻게 도시에서 그런 일이 일어날까 싶어.

강가에 있는 집들도 갑자기 불어난 강물에 잠기기도 해.

물은 어느 순간 괴물로 변해서
우리의 생명을 위협할 수 있는 거야.
물의 무서움을 결코 잊어서는 안 돼.

차도와 인도 사이에는 배수구가 있어.
비가 오면 빗물이 배수구로 들어가.
빗물은 하수구로 모이고 그렇게 모인 빗물은 하천으로 빠져.

배수구가 쓰레기와 낙엽으로 막히면 어떻게 될까?
거리는 순식간에 물바다가 될 거야.

혹시 배수구에 쓰레기를 버린 적 있어?
사소해 보이는 행동 하나가 큰 재난을 일으킬 수 있어.

쓰레기는 꼭 쓰레기통에 버리자.

비가 많이 오면 하천이나 다리에 가서 물 구경을 하는 사람들이 있어. 무섭게 소용돌이치는 물살을 보려고 하는 거야. 이런 행동이 바람직할까? 네 생각은 어때?

고지대에 살아도 폭우 피해를 볼 수 있어. 바로 반지하에서 사는 사람들이지. 반지하 집의 창문으로 빗물이 들이치면 그 빗물은 빠져나가지 못하게 돼. 지하에 물이 차면 현관문을 열 수도 없어. 물의 압력 때문이야. 창문에는 방범창이 달려서 그곳으로도 빠져나갈 수도 없지. 반지하에 사는 사람들의 안전을 위해 어떤 대책을 세우면 좋을까?

예) 빗물이 흘러들어오는 것을 막는 '물막이벽' 설치하기

침수된 곳에서는 감염병(수인성 감염병)을 조심해야 해. 홍수가 나면 각종 오염물이 물과 뒤섞여 병균을 만들기 때문이야. 수인성 감염병을 예방하려면 어떻게 해야 할까?

예) 물은 반드시 끓여서 먹는다.
물에 잠겼던 조리도구를 깨끗하게 소독한다.

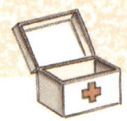

폭염과 한파

너무너무 더워서 못 살겠어. 온종일 에어컨 앞에 있고 싶다니까.
할아버지는 여름엔 덥고 겨울엔 추워야
몸이 건강해진다고 하시는데, 이건 더워도 너무 덥잖아.

여름엔 덥고 겨울엔 추워야?

이렇게 대처하자

할아버지 말씀이 틀린 건 아니지만, 그건 옛날이야기라고 할 수 있어.
지금은 더울 때 너무 덥고 추울 때 너무 추우니까.
사계절이 뚜렷했던 우리나라가 어쩌다 이렇게 된 걸까?

이틀 이상 체감온도가 35℃ 이상이 되면 폭염경보가 내려져.
이럴 때는 햇볕이 내리쬐는 집 밖으로 나가지 않아야 해.
일정 시간 태양열을 받게 되면 열사병 등
온열질환에 걸릴 수 있거든.

어쩔 수 없이 외출해야 한다면
창이 긴 모자나 햇빛 가리개를 쓰고
선크림 등의 차단제를 준비하자.

물을 자주 마시는 것도 좋은 대처 방법이야.
기온이 급격히 올라가면 땀이 많이 나니까
물을 자주 마셔서 수분을 보충해야 해.

안전을 생활화하자

지난 30년 동안 우리나라의 평균 온도는 1.19℃가 올랐어.
이렇게 온도가 계속 오르면
2100년에는 여름 내내 불볕더위와 열대야에 시달릴 거라고
과학자들은 전망해.

폭염은 지구 온난화에 의한 이상 기후인데,
한파도 마찬가지야.
지구가 따뜻해지면
북극의 차가운 공기를 가둬 주는 제트 기류가 약해져서
차가운 공기가 아래로 내려와.
우리나라가 있는 중위도 지역에 한파가 몰아닥치는 거지.

지구 온난화를 당장 멈출 수 없으니
폭염과 한파에 대비해야 해.

폭염에 취약한 계층으로 어린이, 65세 이상 노인, 질병이 있는 사람, 장애인을 들 수 있어. 또 사회에서 고립된 사람도 취약한 계층이지. 고립된 사람이라면 어떤 사람일까?

예) 혼자 사는 할머니와 할아버지

더워서 땀을 많이 흘리면 몸속의 염분과 수분이 같이 빠져나가. 갈증을 심하게 느끼고, 어지러워지고, 머리가 아프고, 구역질이 나고, 근육이 떨리기도 해. 이런 증상을 '열탈진'이라고 하는데, 이럴 때는 어떻게 해야 할까?

예) 서늘한 곳으로 가서 열을 식힌다.

추위 때문에 저체온증, 동상, 동창 등이 생길 수 있어. 갑자기 체온이 떨어지고, 손과 발이 얼고, 살갗이 얼어서 상처가 생기는 거야. 한파가 몰아닥치면 어린이, 노약자, 심뇌혈관에 이상이 있는 사람은 특히 조심해야 해. 집 밖에 안 나가는 게 좋은데, 어쩔 수 없이 나가야 한다면 어떤 준비를 해야 할까?

예) 내복을 입고 목도리를 두른다.

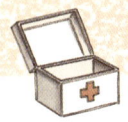

산에서 일어나는 재난(산불과 산사태)

요즘 여기저기에서 산불이 났다는 뉴스가 자주 들려.
집과 문화재까지 태운다고 하니 걱정이 이만저만이 아니야.
왜 자꾸 산불이 나는 거야?

산불은 다 어른들 탓?

이렇게 대처하자

산불 대부분은 사람의 실수로 일어나. 산불의 가장 큰 원인은
인화 물질을 들고 산에 들어간 사람들 때문이지.
산불은 자연 재난이라기보다 인재에 가까워.

등산 중에 산불이 나면 어떻게 해야 할까?
산불이 났을 때 무서운 건 거센 불길보다 시야를 가로막는 연기야.
연기 때문에 어디가 어딘지 몰라 길을 잃고,
연기에 질식해 쓰러질 수 있어.
그래서 바람을 등지고 산에서 내려가는 게 좋아.
산에서 멀리 떨어진 논밭, 공터 등 안전한 곳으로 대피해야 해.

작은 산불이라면 외투나 나뭇가지로 끌 수 있다고 하지만,
불을 끄는 게 현명한 방법은 아니야.
119에 신고한 뒤 대피하는 게 최선이야.

안전을 생활화하자

해마다 산불의 규모가 커지고 있어.
기후 변화로 강수량이 줄어들어
숲이 아주 메마른 상태가 되기 때문이지.

호주에서는 2019년 9월에 산불이 났는데
다음 해인 2020년 2월에야 불을 끌 수 있었어.
다섯 달 넘게 이어진 최악의 산불이었지.

환경의 위기는 어른이나 아이 할 것 없이 모든 인류의 문제야.
산불에 대한 책임이 모두에게 있는 거야.

산에서 불을 써서 밥을 해 먹으려고 해서는 안 돼.
만약 부모님이 그러겠다고 하면 끝까지 말려야 해.

산불 조심 기간이 있어. 봄철인 2월 1일부터 5월 15일까지, 가을철인 11월 1일부터 12월 15일까지야. 날씨가 매우 건조해서 불이 나기 쉬운 때지. 따뜻해지거나 단풍이 들면 등산객이 몰려서 불이 날 확률이 높아져. 산불로 인한 피해로 무엇이 있을까?

　　예) 오랫동안 가꾸어 온 나무들이 하루아침에 잿더미가 된다.
　　_____

산불과 함께 산에서 일어나는 재난으로 산사태를 들 수 있어. 비가 많이 내리는 장마철에 산사태가 일어나. 여름에 야영할 때는 산사태가 일어날 법한 곳은 반드시 피해야 해. 어느 곳이 산사태 위험이 있는 곳일까?

　　예) 풀이 자라지 않는 급경사, 산의 허리가 깎인 곳
　　_____

도시의 아파트에 산다고 해서 산사태 위험이 없는 건 아니야. 산사태를 예방하기 위해 콘크리트로 된 축대벽을 쌓아놓지만, 산사태가 나 축대벽이 무너지면 큰 피해가 날 수 있어. 산사태가 나서 아파트에 고립되면 어떻게 대처해야 할까?

　　예) 섣불리 밖으로 나가지 않고 구조대의 안내를 따른다.
　　_____

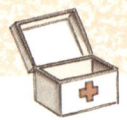

바이러스 감염

정보통신기술과 교통수단이 계속 발전하는 게 좋은 것만은 아닌 것 같아. 전 세계 사람들이 활발하게 교류할수록 더 센 감염병이 생길 거라고 하잖아.

더 센 바이러스가 올 거라고?

이렇게 대처하자

지구촌 어딘가에서 신종 바이러스가 나타나면,
얼마 안 가서 전 세계로 퍼져. 순식간에 인류는 바이러스의 공포 속으로 빨려 들어가. 바이러스 감염은 보이지 않는 엄청난 재난이야.

처음 코로나바이러스가 나타났을 때,
지구의 모든 사람이 큰 고통을 겪을 거라고 예상하지 못했어.
그렇게 빠르게 곳곳에 퍼져서 목숨을 위협할지
짐작도 못 했던 거야.

전에 없던 새로운 바이러스라서 처음에는 특별한 대책이 없었어.
손을 잘 씻고, 외출을 삼가고,
사람들과 거리 두기를 하는 게 최선이었지.

백신을 개발한 뒤에 사람들은 비로소 공포에서 벗어나기 시작했어.
어찌 됐든 바이러스와 공존하며 살아가는 법을 알게 된 거야.

안전을 생활화하자

바이러스는 살아 있는 세포에 기생하는 미생물체야.
그래서 어떻게든 살아남기 위해 애를 써.
끊임없이 번식하고 변이와 변이를 거듭해.
크기가 무척 작아서
현미경이 발명되기 전까지 발견하지 못했지.

지금까지 인류가 찾아낸 바이러스는 5천 종이 넘는데,
얼마나 있는지는 아무도 몰라.

바이러스에 감염되지 않으려면
손 씻기처럼 청결 유지가 먼저야.
면역력을 키우고 예방 접종도 반드시 해야 해.
몸과 마음이 건강해야 비로소 바이러스에 맞설 수 있어.

감기를 일으키는 바이러스의 종류는 워낙 많아서 예방 접종을 할 수 없다고 해. 또 감기 바이러스를 없앨 치료제도 없다고 해. 콧물, 기침, 두통 등 증상을 없앨 뿐 바이러스 자체를 죽이는 약은 아닌 셈이야. 면역력이 떨어질 때 바이러스에 감염되기 쉬워. 면역력을 높이기 위해 무엇을 하면 좋을까?

예) 날씨가 추워지면 따뜻하게 옷을 입는다.

겨울철에는 노로바이러스가 유행해. 이 바이러스는 특이하게도 사람의 똥에서 자라나. 주로 음식을 통해 감염되는데, 면역력이 낮은 어린이라면 쉽게 걸릴 수 있어. 노로바이러스 식중독을 예방하려면 세 가지를 생활화해야 해. 제시된 초성이 무엇인지 알아맞혀 봐.

(ㅅ) 씻기, (ㅇㅎ) 먹기, (ㄲㅇ) 먹기

나라마다 코로나바이러스에 대처하는 방법이 달랐어. 어떤 나라는 집 밖에도 나가지 못하게 막았고 어떤 나라는 저절로 면역이 생기도록 했지. 우리나라는 사회적 거리 두기를 하고 반드시 마스크를 쓰도록 했어. 나라마다 사정이 달라서 어떤 대처 방법이 가장 좋다고는 말할 수 없어. 너는 어떤 대처 방법이 바람직하다고 생각해? 이를테면 바이러스 감염이 대유행하는 시기에 학교에서 수업하는 게 좋을까, 집에서 원격 수업을 하는 게 좋을까?

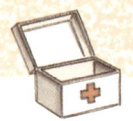

어린이 유괴 및 납치

어떤 아주머니가 다가오더니
"강아지가 차에 혼자 있는데 잠깐 봐 줄래?" 하는 거야.
아주머니가 편의점에 다녀올 동안 강아지를 보러 가도 될까?

차에 강아지가 혼자 있다는데

이렇게 대처하자

네게 다가온 아주머니는 처음 본 사람이지?
낯선 사람이 자기 강아지를 봐달라고 하는 건 이상하잖아.
그럴 땐 "아빠한테 전화해 볼게요." 하면서 달아날 준비를 하자.

자동차를 이용해 어린이를 유괴하는 사건이 늘고 있어.
그러는 이유는 어린이를 인질로 삼아 돈을 뜯어내거나
성범죄를 저지르기 위해서야.

가령 학원 시간이 늦었는데 누군가 차에서 창문을 열고
"늦은 것 같은데, 어서 타렴." 하고 말했다고 해 보자.
낯선 사람의 차에 올라타는 건 절대 안 돼.
"난 엄마 친구야. 같이 가도 괜찮아." 할 때도 따라가서는 안 돼.
"엄마에게 전화해 보고요." 하면서 거절해야 해.

모르는 사람의 말은 듣지 않는 게 안전해.

안전을 생활화하자

유괴범이 어린이에게 접근하는 방법은 여러 가지야.
먹을 걸 주면서 저기 있는 차에 더 많다고 말해.
어린이가 혼자 있는 집에 벨을 누르면서
관리소에서 왔다며 문을 열어달라고 해.
가족이 갑자기 응급실에 실려 갔다면서 같이 가자고 해.
최신 게임기나 휴대전화로 유혹하고,
불편해 보이지 않는데도 짐을 들어 달라고 해.

이럴 땐 "잘 모르겠어요."라고 하거나 대답하지 않는 게 좋아.
쭈뼛거리면 더 접근하려고 하니까 분명한 태도를 보여야 해.

만약 유괴범이 네 팔을 잡고 억지로 끌고 가려고 하면
어떻게 해야 할까?

_____
_____

영악한 유괴범은 엄마 아빠의 친구처럼 위장해. 그래서 놀랍게도 네
이름을 알고 있고, 네가 사는 곳과 전화번호를 알려고 시도하지. 너를
안심시키기 위해 자기 이름과 연락처를 먼저 말해 주기도 하고. 이럴 때는
어떻게 대처해야 할까?

_____
_____

자동차 유괴를 피하려면 평소 잘 다니는 길로 다니는 게 좋아. 그래야
평소와 다른 점을 발견할 수 있잖아. 예를 들면 못 보던 낡은 차가 서
있다면 의심해볼 만해. 자동차로 유괴당하는 것을 피하려면 길을 걸을 때
어떤 점에 유의해야 할까?

　　　예) 도움을 청할 파출소가 어디 있는지 알아놓는다.
_____
_____

135

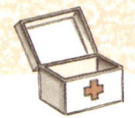

어린이 대상 성폭력

어떤 아저씨가 은행이 어디인지 물어봐.
아빠처럼 평범하게 생긴 아저씨더라고.
처음 온 동네라면서 같이 가 달라고 하는데, 그래도 괜찮겠지?

나쁜 사람으로 보이진 않아

이렇게 대처하자

요즘에는 휴대전화에 길 안내 앱이 깔려 있잖아.
대부분 그 앱을 켜고 길을 찾아. 네 아빠 나이의 아저씨라면
그 앱을 충분히 쓸 수 있어. 그러니까 의심해야 해.

범죄자의 얼굴은 되게 평범해 보여.
범죄를 저지를 것 같지 않지.
그래서 얼굴 생김새만으로 사람을 판단해서는 안 돼.
특히 어린이에게 성폭력을 가하려는 범죄자들은
우락부락하게 생기지 않았어.
그들은 자연스럽게 다가와서 네 머리칼을 쓸어넘기거나 손을 잡아.
무섭게 노려보거나 큰 소리를 치지도 않아.
널 안심시키려고 그러는 거야.
절대 속아서는 안 돼.
사람이 없는 어두운 골목이나 건물 안으로 들어가려고 하면
얼른 소리치면서 달아나자.

안전을
생활화하자

어린이에 대한 성폭력은
모르는 사람보다 아는 사람에 의해 더 많이 저질러진다고 해.
아는 사람이 그러니까 그게 범죄인 줄 모르고
그냥 넘어가는 거야.

너를 친절하게 대하는 옆집 오빠,
아빠같이 다정한 학원 선생님,
푸근해 보이는 동네 아저씨가
네 몸의 소중한 곳을 만지면 가만히 있어서는 안 돼.
싫다는 얼굴로 하지 말라고 해야 해.

어느 사람도 소중한 네 몸을 함부로 대할 수 없으니까.

예전에는 할머니나 할아버지가 "우리 손자, 고추가 얼마나 자랐나 만져볼까?" 하면서 소중한 곳을 만지곤 했어. 나이 드신 분들은 그게 성폭력이 될 수 있다는 걸 몰랐어. 손자가 예쁘니까 할 수 있다고 생각했지. 다행히도 지금은 그렇게 행동하는 어르신들이 없어졌어. 그래도 만약을 대비하여 네 소중한 곳을 만지려는 할머니 할아버지에게 어떤 말을 해야 할까?

___

___

친구들끼리도 성폭력이 될 만한 장난을 치곤 해. 갑자기 치마를 들추고 도망치거나 가슴 부위를 만지고 도망치는 일이 있어. 우산이나 막대기로 남자아이의 소중한 곳을 툭툭 치는 것도 위험한 장난이지. 성폭력이 될 만한 행동으로 무엇이 더 있을까?

예) 화장실에서 친구가 오줌 누는 것을 보는 것
휴대전화로 몰래 몸 일부를 찍는 것
___

만약, 성폭력을 저지른 가해자가 네게 이런 말을 했다고 하자. "이건 우리 둘만의 비밀이야. 누구한테도 절대 말해서는 안 돼. 엄마 아빠에게도." 비밀이라고 하면서 겁을 주는 거야. 하지만 결코 비밀이 될 수 없어. 이 말을 듣고 나서 어떻게 해야 할까?

나는 얼마나 안전을 생각하고 있을까?

안전을 유지하려면 안전의식을 확고히 다지고, 안전한 행동을 습관화해야 해. 다음 글을 잘 읽고 답하면서 나의 안전의식이 어느 정도인지 알아보자. 안전한 행동이면 O, 안전하지 않은 행동이면 X로 표시해 보자.

안전한 행동일까?	O 또는 X
찹쌀떡을 먹다가 목에 걸려 숨쉬기가 곤란해지면 '하임리히법'이란 응급처치를 한다.	
절대 안 터진다고 광고하는 부탄가스니까 안심하고 휴대용 가스레인지를 마음껏 써도 된다.	
학교 복도에는 신발장, 화분, 급수대 등 여러 물건이 있으니까 뛰어다니면 안 된다.	
공책이나 사인펜 등 문구용품을 살 때는 'KC 인증마크'가 표시되어 있는지 꼭 살펴본다.	
눈썰매나 스키를 탈 때 넘어졌는데도 별로 아프지 않으면 의무실에 가지 않아도 된다.	
물에 빠진 사람을 발견하면 물에 뜨는 물건을 던져서 붙잡고 나올 수 있도록 한다.	
말벌이 가까이 다가오면 있는 힘껏 도망치는 게 최고의 방법이다.	
녹색 신호등이 깜빡거리면 건너려는 생각을 버리고 다음 보행 신호를 기다린다.	
자전거는 두 바퀴 차이기 때문에 건널목을 건널 때는 자전거에서 내려서 걸어간다.	
사나운 개가 공격하려고 하면, 큰 소리를 치고 개를 노려보면서 공격하는 자세를 취한다.	
롱패딩을 입고 빙판길을 걸으면 행동이 둔해져서 미끄러지는 것에 대비할 수 없게 된다.	
집에 혼자 있을 때 어떤 사람이 벨을 누른 뒤 관리소에서 왔다고 하면 안심하고 문을 열어 준다.	

글 이정호

서울에서 태어나 대학에서 교육학과 국어국문학을 공부했습니다. 2015년 제13회 푸른문학상 '새로운 작가상'을 받아 동화작가가 된 뒤, 어린이와 청소년을 위한 책을 쓰고 있습니다.

쓴 책으로 『달려라 불량감자』(공저), 『리얼 항공 승무원』, 『리얼 셰프』, 『조선에서 온 내 친구 사임당』, 『어린이를 위한 자존감 수업』, 『어린이를 위한 말하기 수업』, 『여기는 경성 모던방송국』, 『어린이를 위한 공동체 수업』, 『바나나 천원』, 『어린이를 위한 꿈꾸는 수업』, 『1920 알파걸』(공저), 『그해, 강화 섬의 소년들』, 『어린이를 위한 미래 수업』, 『알아 두면 세상이 보이는 선거와 정치 30』 등이 있습니다.

그림 방인영

대학에서 세라믹 디자인(도예)을 전공한 후 현재 프리랜서 일러스트레이터로 활동 중입니다. 단행본, 광고, 사외보, 포스터, 패키지, 학습지, 교과서 등 다수의 매체에 따뜻한 마음이 가득 담긴 그림을 싣고 있습니다. 오랫동안 그리고 그리는 삶을 살고 싶습니다.

그린 책으로는 《어린이를 위한 자존감 수업》, 《어린이를 위한 공동체 수업》, 《우리 집 강아지 행복해지는 32가지 방법》, 《아홉 살 성교육 사전》 등이 있습니다.

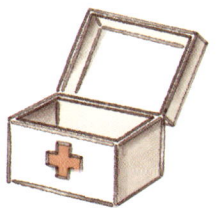